我所走過的生命路

命の道を行く
鄭明析氏の歩んだ道

鄭明析先生傳

秋本彩乃 著
林蓉萱、葉柏廷、張馨文譯，蔡至哲校訂

推薦序一　時代的呼聲

第一次聆聽鄭明析牧師的話語得到極大震撼的是：「這世上許多科學家、學者專家，努力研究如何防治地震、海嘯等災難，但在這時代數千萬青年學子的內心裏掀起的洶湧波濤，誰能止息呢？求　神使用我，必將許多寶貴的生命回歸到主面前！」一時值參與社會運動及政治活動的我，深深被這句話觸動，如同阿摩司書八章：十一至十三節所述：「看哪，日子將到，我必命饑荒降在地上；人飢餓非因無餅，乾渴非因無水，而是因不聽耶和華的話。這是主耶和華說的。他們必飄流，從這海到那海，從北邊到東邊，往來奔跑，尋求耶和華的話，卻尋不著。當那日，少年和美貌的少女必因乾渴而發昏。」在迷惘的世代及狂飆的街頭，鄭明析牧師的話著實令人振聾發聵。

個人在三十多年的信仰生活中，有許多機會近距離與鄭明析牧師一起生活及互動。初信仰時，隻身前往韓國，三個月當中如影隨形般地跟著鄭牧師學習；也曾擔任聖地藝術家，數十次在月明洞生活，最長為期一年多，不得不感佩鄭牧師對神絕對的愛及實踐信仰的落實。就個人觀察，其核心信仰思想有三：

一、信仰的重心——禱告與話語
二、信仰的哲學——唯有愛神、聖靈、聖子
三、信仰的實踐——愛生命吧

如書中所言：鄭明析牧師歷經二十一年孤獨的修道生活，初期是為了解決自己的人生問題，後來體會到耶穌為了救援全人類，遭受十字架的苦痛，而下定決心「我也要以著那樣的精神和愛，成為基督的身軀來生活！」耶穌啊！請讓我擦拭您的淚水，我會傳達耶穌的愛及話語，讓人們不走向死亡。我雖然沒有學識，什麼也沒有，但是，我愛耶穌的內心，絕對不會輸給任何人！我會盡心、盡性、盡意傳達話語的，請您與我同在！」如此來生活。雖然經歷多次禁食禱告及在四面都是懸崖、佔地不到一坪的大芚山老鷹峰禱告二十一年，但鄭牧師並不覺得孤單，因為體會聖三位總是同在；同時，因為按照天的旨意生活，能夠領受寶貴的屬天話語，造就許多生命，也因此開展世界宣教。

實踐，是信仰者最大的挑戰。再好的理論或思想，若無法透過實踐來落實，就只淪為空談，誠如雅各書二章二十六節所言「身體沒有靈魂是死的，信心沒有行為也是死的」。「實踐神學」一直是鄭明析牧師的行為圭臬，即使身處殺戮戰場，也持守神的教導。在一九六六至一九六九年兩次的越南參戰中，體悟到生命比起任何事物都更重要，銘刻在心，唯有跟神許下「請守護生命吧！」的心願。所以就算多次有殲滅敵人的機會立下戰功，也選擇不傷害生命。更經典的是在一次敵軍躲在樹幹後，三公尺近距離舉槍瞄準鄭明析牧師時，鄭牧師心中呼喚神，突然從天傳來數次巨聲，如雷貫耳「靠近他，去愛吧！」霎時敵人的臉孔變成妹妹的容顏，鄭牧師放下槍，跑去擁抱敵人，最終敵人跟自己都保住生命。鄭明析牧師絕對順從神的話，不只踐履「愛仇敵」的教導，更進而「擁抱仇敵」實踐極致的愛。

在鄭明析牧師的信仰哲學中，將神當成愛人來服事，強調人與神之間，不只是舊約時代的主僕關係，也非新約時代的父子關係，而是要提升為達成神對人類愛的創造目的的「新郎新婦」關係。盡心、盡性、盡意忠誠服事神，凡事唯有順從神的旨意。也正因為這樣尖端的主張，不見容於韓國傳統的基督教思想，而遭受許多不合理的攻擊，甚至有組織地、系統化地進行標籤化、污名化鄭明析牧師所帶領的信仰團體（基督教福音宣教會）。新興宗教研究專家義大利學者Massimo曾實地親訪並進行現況研究，發現福音宣教會並未因為傳統勢力強力的反對而導致教勢萎縮，反而更加增長，這是非常奇特之處。本書中所載相關的法律案件，也是反對者主要的攻擊手段之一。臺灣媒體也曾經因著八卦新聞的腥羶報導，跟著隨波起舞，繪聲繪影，結果教育部也發文說明校園內並未發生如傳聞所述之事；爆料者最後也公開登報道歉。

舊約最後先知瑪拉基在宣告重要時代訊息：「看哪，耶和華大而可畏之日未到以前，我必差遣先知以利亞到你們那裡去。他必使父親的心轉向兒女，兒女的心轉向父親，免得我來咒詛遍地。」（瑪拉基書四章五至六節）後，猶太歷史進入四百年的無先知期，兩約之間，殷殷期盼彌賽亞的降臨，直到施洗約翰在曠野發出「悔改吧！天國近了！」的呼聲，時代露出新的曙光；而耶穌所傳講的天國福音，更為當時代已陷入形式化、僵化的信仰帶來極大的衝擊，宣告新時代的來到。也因此導致傳統的猶太教信仰者群起圍攻，讓腳步轉向十字架道路。耶穌說：「莫想我來要廢掉律法和先知。我來不是要廢掉，乃是要成全。」（馬太福音五章十七節）哥林多前書二章八節使徒保羅也說：「這智慧世上有權有位的人沒有一個知道的、他們若知道，就不把榮耀的主釘在十字架上了。」耶穌在當時受到無盡的控訴及逼迫，連跟隨的弟子們也同受其苦。然而，道路雖坎坷，旨意的腳步卻無法阻擋，神的歷史依然一步步開展。

時序來到主再臨的時節，世代各領域面臨快速轉型提升的挑戰，時代的呼聲也更加地殷切，如同聖經所載：「要照所安排的，在日期滿足的時候，使天上、地上一切所有的，都在基督裡面同歸於一。」（以弗所書一章十節），活在當代的我們，該選擇如何回應時代的呼聲呢？鄭明析牧師選擇了成為主能隨心所欲使用的身軀，與主一起傳揚能成就神創造目的旨意的愛的福音，你、我呢？藉由鄭明析牧師所走的生命之路，希望能帶給讀者更多的啟發，順利迎接時代希望之光！

基督教福音宣教會牧師　周學鏵

推薦序二

我從沒想去教會，更準確地說「教會」兩個字沒有出現在我的腦海中，但現在的我卻是位攝理牧師，正為秋本彩乃女士撰寫有關鄭明析牧師的生平傳記作序，這真是過去始料未及的事。

小學開始我就很想要創業，想要透過經濟幫助臺灣，很希望臺灣可以重返過去的經濟榮景。我一直在思考該如何幫助別人、讓這世界變得更好。另外，從小在書店長大的我，曾經把臺北「重慶南路書店街」的東方出版社整間店的書都看完。雖然看了很多書，但我的疑惑卻越來越大：人真的可以真實地、毫無虛偽地過生活嗎？我為何而生？為何每人都要走這一遭？雖然從小念的是資優班、升學班，但也沒因此得到答案。來到國三那年，我對我的人生做出了一個結論：就算我一生都很努力，最後面對死亡依然會被無情地歸零，我無法接受這樣的結局，那麼現在就結束生命應該也沒有差吧?!當我想結束自己的生命時，我在心中聽到了一個很大的聲音說：「等一下!!!」「嗯？什麼等一下？」「你再等一下就會找到答案的。」說也奇怪，我竟然被這莫名的聲音說服，等待有一天能找到人生的答案。

三年後我來到攝理，第一次聽到鄭明析牧師的話語，字字直指靈魂深處，那種直接道出自己最想要的答案的感覺非常的奇妙。即使書上寫的都很有道理、有邏輯，但卻不一定能解決我的問題，一度讓我非常無力。但鄭明析牧師傳達神的話語卻不一樣，能穿透靈魂骨髓，甚至講出我的秘密。舉例來說，二〇一五年一月十一日鄭牧師傳講了「等一下」的主日話語，裡面幾乎把我國三那年的故事講出來，也就是當人在面臨生死關卡的時候，愛著人類的神為了拯救人類，會對他大喊「等一下」讓他從那樣的關卡中脫離出來。聆聽主日的我當下淚流滿面，又有誰知道我國三那年發生的事呢？連生下我的父母都不知道我差點了結了自己的生命，但對全世界呼喊話語的鄭牧師卻能說出這樣的內容，讓我確實地知道國三那年把我拯救出來的那一位是耶和華神，我真心獻上感謝！

另外，在我將近二十四年的信仰生活中，每年、每個禮拜我都很仔細觀察鄭牧師的一言一行。如同聖經所說的道成肉身，鄭明析牧師總是最先實踐三位所賜下的話語，他教導前，總是身先士卒的行為是我最佩服的。其中像是耶穌最偉大的教導「愛仇敵」這部分，我親眼看到鄭明析牧師即使流下血淚也會為了那些冤枉、污衊自己的人禱告，他不怨恨任何人，讓我體會到如果像主一般愛仇敵的話，地上天國真的可以達成。

最後，想跟大家分享所謂的信仰並不是一種宗教，而是一個尋找自我的道路，如同聖經啟示錄所說的主來到的時候，每個人都可以成為特質的王，祝福大家也能透過鄭明析牧師真摯的故事展開一連串與自己靈魂對話的旅行。

基督教福音宣教會牧師　鄭主光

推薦序三　跨越高牆：認識基督精神的新時代實踐者

攀越一座高山後，還有更多山脈等著。
許多人必須一再地行經死蔭幽谷，
才能抵達心中自由的山巔。

坐了二十五年黑牢的曼德拉如是說。然而，「容不下犯錯自由的自由，不值得擁有。」另一位也有著豐富牢獄資歷的甘地這麼主張。從沒坐過牢的盧梭則指出：「人生而自由，但卻處處都在枷鎖之中。」可見他的生命經歷，感受上可能和坐牢差不多。但，如果真的待過牢房，或許這位天才思想家就不致於這麼說了。

在那個地方，我深切覺得，做一個自由的人，和認識自己是誰，兩者一樣的困難。其實，不認識真正的自己，就沒有自由可言。行經多少高山幽谷，沒有用；犯過多少悔恨過錯，沒有用。這裡，是一個比較能夠讓自己認識自己的地方。做不到這一點，放出去了，也得不到自由，一樣處在枷鎖中。因為在那裡，是一種最能夠模擬、接近「預習死亡」的地方。學會了死亡的人，也就忘記了做奴隸，能夠超越於一切世俗力量之外。於是，牢房、獄吏、法庭、手銬腳鐐，也就不算什麼了。束縛我們的鍊銬其實只有一副，那，就是對生的貪戀。「預習死亡，就是要人去預習自由。」一西元世紀初的羅馬斯多噶派哲人賽涅卡說的這句話如果成立，那麼，監獄，豈不是自由最好的練習場所？

從最被看好的政治明星的位置，突然無預警跌落的我，在那裡，認真地去認識自己到底是誰。

在認識到自己的卑微、渺小與不足的這個時候，我不禁要低頭合十祈問：是否，有著一個無以明之、永恆超越且至高無上的存在。否則，誰來點燃燈燭？誰來填滿虛空？誰來綻放星光？誰來賦予自己轉回來的力量呢？

幸好，去到那個地方，我始終沒有怨天尤人的憤恨，以及對於體制、正義扭曲的敵視，只是將自己的遭遇視之為一種命運有意無意的安排，一個生命中必須面對的課題。

在那樣的地方，我曾不停地叩問：對於我曾經做出的過錯，誰能夠赦免我？對於我不曾犯下的罪責，誰可以平反我？如今我很確定，只有神能夠，只有神可以。只是不曉得，什麼時候，自己才會認識神？或是，要怎麼做，神才會來認識我？

人的絕境，正是神的契機嗎？

人越迷失，越是神所要救贖的對象嗎？

這答案，終究只有神才會知道吧！

一個迷惑的人要怎麼做，做到什麼地步，神才會願意讓我認識呢？我還是不知道。懷抱著依然沒有答案的問題，我只能繼續的書寫。在書寫中，去追尋、去反省、去發現，去努力找找看，答案是什麼，神是什麼。

在那段特別的期間中，我認識了一位生命中最重要的人。他當時待在另外一個監獄裡。我們無法見面，但是我常常透過他所寫的信件、文稿了解他的狀況以及他所正在做的事情。他是一位入獄的牧師！

在給我的信件中，這位牧師提到：

我在獄中為世界禱告、幫助許多生命；寫了七十萬封信、數萬則箴言、兩千篇以上的禮拜證道，還寫一千首以上的詩、創作一百七十首歌。我用完四千四百支筆，所用掉的紙張佔滿我所在的房間三分之二甚至更多，堆疊起來的高度幾乎超過一個人的身高。不僅如此，我還做了一百萬次的肌力訓練、跑了七千里，鍛鍊我的身體。我畫了數百張畫，還傳福音給監獄裡的人。因為肉體還在，所以我努力地繼續像『活著的人』那樣行動。

藉由閱讀這些另一面高牆下的深刻話語，我感受到新的契機，神似乎開始讓我讓我可以去認識祂！

於是，在裡面最後的兩年多，每個月、每個星期，閱讀「基督教福音宣教會」創始人鄭明析牧師的箴言、啟示，與其說是我必做的功課，毋寧說是我喜悅受領的福惠。我開始有力量去思考，基督宗教的精神內涵，是否隨著時代變遷、文明演化而呈現出不同的面貌風采呢？或許，在一貫的、核心的價值與信念之上，是存在著不同投射，而閃耀著不同光芒的。摩西、約書亞時代的基督精神，是上主的獨一無二以及「十誡」的訓示教誨；約翰、保羅時代的基督精神，是「愛人如己」的無私寬容，以及　神犧牲為人的救贖與降臨。那麼，在我們所身處的這個時代，這個當下的宇宙時空，是否也有著屬於我們時代的基督精神呢？如果有的話，　神又是如何、透過誰的話語，傳達給人們呢？因為在其中，我窺見到了、感受到了「基督精神」在此一新時代的體現。

鄭牧師所揭示的基督精神告訴我們的是：

這是一個神即刻再臨的時代，不是等待的時代！
這是一個可以自我實現「空提」的時代，不是被動救贖的時代！
這是一個人們能夠如同新婦般得　神接納結合的時代，不是人神兩隔疏離的時代！

我不知道要有著怎麼樣的恩典臨在，才能取得如此崇高、美好、震撼心靈的神賜曉喻。但我深切地認同，數十年來堅持不懈、一往向前，即便歷盡世間難堪磨礪，卻仍散發光耀的鄭明析牧師，必定擁有無比過人的信心、勇氣、智慧與內在的超越。因為，他始終不斷地提示人們，這一新時代的基督精神務必、務必要用「心」去實踐。

是的，鄭明析牧師不僅是一位　神之話語的傳達者，更是一位新時代基督精神的實踐者。這一認識，在閱讀本書之後，當更加地令人確信。在這部最為貼近鄭牧師生命歷程的著作裡，我們不但能體會新時代的基督精神是什麼，更得以看見這樣的精神是如何地為鄭牧師的實踐、力行而發揚！

而這一切，我衷心相信都來自於基督精神中，一貫的、核心的，歷經時代演進而從未曾改變的　神的愛！

二〇二二年一月　藤原進三　敬上

目次 Contents

導言　傳記和歷史之間

由於基督教福音宣教會（CGM）和政大華人宗教研究中心在二〇二一年六月正式簽訂學術合作協定，將共同展開研究教會在臺發展的相關歷史和議題，因此出版一本有關基督教福音宣教會（攝理教會創辦人）鄭明析先生的傳記就變得十分必要。前幾年由日本的秋本彩乃女士撰寫完成鄭明析先生生平的第一本完整傳記，將在二〇二二年年初於臺灣出版中文版。這也將成為華人世界第一本相對客觀完整的鄭明析先生傳記。本人作為本書校訂完成出版和推動相關學術研究的發起者，很榮幸得以在此撰寫簡短導言。

根據美國歷史學者弗朗茜・蔡森—洛佩茲（Francie Chassen-López）（註釋一）的研究，傳記之於歷史，曾有高度的重要性。十九世紀的英國歷史學家湯瑪斯・卡萊爾

（Thomas Carlyle, 1795-1881）和北美哲學家愛默生（Ralph Waldo Emerson, 1803-1882）等知識分子即認為，歷史學包括書寫名人的生活。愛默生甚至說：「確切地說，沒有歷史，只有傳記。（註釋二）」到了上個世紀，後現代主義和後結構主義理論掀起了一場認識論革命，相關運動的影響，對於「如何從歷史角度看待並理解傳記」的認識發生了重大變化，傳記重新贏得了歷史學家遲來的尊重。歷史研究最終迎來了「傳記轉向」（biographical turn）。（註釋三）歷史學家受到了傳記轉向的影響，反省一段時間中的歷史敘事中見不到有血有肉的人，也就是那些在諸多大歷史進程中生活、備受煎熬並倖存下來的人們。因此要嘗試將歷史的再人性化（re-humanization）。（註釋四）傳記也可反省宏觀史學的弱點，改以「透過生活看本質」的研究方法替代結構式的宏大敘事。（註釋五）人們很可能會同意P. B. Waite的結論：傳記「並非處於歷史的邊緣，它就在歷史的中間」。（註釋六）

以上關於歷史學的傳記轉向，作為本書的參照其實頗有意義。上個世紀另一位美國歷史學者彼得．布朗（Peter Brown）所著《希波的奧古斯丁》也是著名的信仰人物傳記，他回顧寫作歷程時曾說：

在奧古斯丁研究的過程中，我發現自己已經找到了一條我最希望走的研究道路，即一條從羅馬帝國晚期「外部的」歷史進入到「內部的」歷史的道路。那個狂暴時代發生的一切重大事件，沒有哪個能夠逃脫奧古斯丁的寬闊的解讀範圍，沒有哪一件不被他的作品（有時候是用一種出人意料的方式）所反映。作為一個老年人的奧古斯丁和作為一名年輕思想家的奧古斯丁，看世界的角度是有所不同的，這表明，這個人看世界的視角是隨著時間的變化而不斷發生變化的。透過這些不停變換的視角，我們就有可能看到晚期羅馬帝國史中的一個完整的階段。（註釋七）

如同彼得·布朗所言，從基督宗教歷史上的關鍵人物奧古斯丁的傳記中，可以幫祝我們變換不同視角觀察羅馬帝國的歷史。身為一個東亞新興教會的創教領袖，鄭明析先生也在戰爭的陰影中，誕生於一九四五年的歷史轉捩點。然而和平並未馬上到來，故鄉韓國立刻又發生了韓戰而陷入另一場恐懼和饑荒中，他青年從軍入伍服役之際，甚至還曾親身參與越戰兩次。這本鄭明析先生的傳記，正是以平民視野，感嘆韓戰後貧瘠的鄉村生活的不易和苦痛，才開啟了走上信仰道路，尋找戰爭危機、恐懼黑暗中的一絲希望的可能性。

此外，對基督信仰的虔敬也是這本鄭明析先生傳記所欲呈現的重點。另外一本美國歷史學家羅倫培登（Roland Herbert Bainton）所著的《這是我的立場：馬丁・路德傳記》，書中也思考諸多基督信仰史上的重要人物所共同擁有的那份虔敬：

路德竭力持守教會的法規所帶來的失望，導致他挺身而出，大力對抗中古教會；而路德投身修道院的意義，亦在於此。亞伯拉罕只有在甘心於以撒的頭上舉起刀來，這樣他的獻祭才能超越人世間的獻祭；作為希伯來人中的希伯來人，保羅曾經嘗試去滿足公義的要求，因為這樣才可以在律法主義底下得著釋放；同樣道理，路德對教會的反叛，乃是源出於一種非一般可比的敬虔。路德投身修道院，就像其他人一

樣，只是他的心志更為積極徹底，但目的仍是要與上帝相和。（註釋八）

如同歷史上諸多信仰者像是馬丁路德等人的大膽行動，背後所堅持的那份對信仰的執著，這本傳記也透過鄭明析先生的信仰歷程，讓我們看見身處二十世紀人類文明劇烈變化之際，擁有虔敬基督信仰之人，如何反省舊宗教傳統的侷限，而對信仰做出新的詮釋因應時代的巨變。特別當普世人權、性別平等的呼聲高漲，社會變動快速，宗教信仰如何在此時此刻繼續幫助人們找到新的出路？首先就是信仰自身也須找到新的方向。鄭明析先生就在這種新舊思想的交錯中，持續進行著對「基督信仰該走向何方？」的重要探索。

此外，身處二十一世紀，各種宗教百花齊放的時機，多元宗教之間的對話如何展開也非常關鍵。正如史懷哲曾嘗試探尋歷史上的耶穌。（註釋九）耶魯大學帕利坎（Jaroslav Pelikan, 1923-2006）也將耶穌形象之變遷置於文化史脈絡，反省歷史上的耶穌形象「最為明顯的特徵不是同一性，而是萬花筒般的多樣性。（註釋一〇）」耶穌的多元形象在不同時代的樣貌，和信徒所處的時代脈絡有重要關聯。這本傳記也述說鄭明析先生如何在東亞文化傳統中，雖然面對困苦的生命歷程，如何開始將耶穌基督詮釋為自己和信仰者的新郎，一同寫下信仰之愛的美麗篇章。在這本傳記中，鄭明析先生和家人之間真摯的情感，父母親情的點滴故事，以及他對國家民族的關懷，也並不被一般所謂的單一基督信仰所限制。即便非基督徒也能從中思考對和平的渴望、家族倫理的重建。

此外，有些宗教學者也曾探討，宗教對話進行之際的「對話媒介」，一是文化媒介，二是個人生存體驗媒介。段德智認為，個人宗教歸信之原初動因，正是個人的生存體驗。沒有身處「邊緣處境」的親身經歷，不曾遭遇虛無和陷於絕望，任何形式的宗教皈依都是不真實的。而且宗教歸信也不可被簡化為一個普通的倫理問題，反而是一個對普通倫理的超越問題。因為若不超越「倫理的人」（Homo Ethicus）便無法建立起與神聖者的面對面的關係，從而真正成為一個「宗教的人」（Homo Religiosus）。（註釋一二）以此為參照，身為學術讀者也罷，或者從信仰者的視野出發，我們藉由鄭明析先生這段追尋基督信仰之愛的深刻生命歷程，特別是他身處被世人視為異端、邪教教主，無情批判、踐踏之際，依然讓自身的基督信仰發出愛的光亮，真能使人感受到成為一個「宗教的人」（Homo Religiosus）的超越性典範。

最後再次感謝這本傳記的作者秋本彩乃女士，她以曾經親身跟隨鄭明析先生的視野，整理諸多資料寫成本書，成為了世界上眾多無情批判中的第一本不平之鳴。也特別感謝自願無償翻譯本書最大部分內容的臺大日文系學妹林蓉萱。也感謝翻譯發起者葉柏廷和共同翻譯人張馨文的付出。

二〇二一年末　臺大政治系兼任助理教授、師大東亞系博士後研究員

蔡至哲　敬上

註釋

一 Francie Chassen-López 曾任美國肯塔基大學藝術與科學中心（College of Arts & Sciences）傑出教授等榮譽，最近她又被任命為Otis A. Singletary人文學科主席。

二 Jean Strouse, "The Real Reasons," in William Zinsser, ed., *Extraordinary Lives: The Art and Craft of American Biography*, New York: Book of the Month Club, 1986, p.164; Hermione Lee, *Body Parts: Essays on Life Writing*, London: Chatto and Windus, 2005, p.1. 轉引於〔美〕弗朗茜・蔡森—洛佩茲（Francie Chassen-López）著；宋鷗譯，〈傳記抑或歷史？——傳記轉向的形成及其對歷史書寫的影響〉，《史學集刊》一九七期（北京，二〇二一年），頁六十八。

三 〔美〕弗朗茜・蔡森—洛佩茲（Francie Chassen-López）著；宋鷗譯，〈傳記抑或歷史？——傳記轉向的形成及其對歷史書寫的影響〉，《史學集刊》一九七期（北京市，二〇二一年），頁六十九。

四 弗朗茜・蔡森，〈傳記抑或歷史？——傳記轉向的形成及其對歷史書寫的影響〉，頁七十。

五 弗朗茜・蔡森，〈傳記抑或歷史？——傳記轉向的形成及其對歷史書寫的影響〉，頁八十。

六 弗朗茜・蔡森，〈傳記抑或歷史？——傳記轉向的形成及其對歷史書寫的影響〉，頁八十一。

七 〔美〕彼得・布朗（Peter Brown）著；錢金飛，沈小龍譯，《希波的奧古斯丁》（北京市：中國社會科學出版社，二〇一三年），頁五七七。

八 〔美〕羅倫培登（Roland Herbert Bainton）著；陸中石譯，《這是我的立場：馬丁・路德傳記》（南京市：譯林出版社，一九九三），頁十三。

九 Albert Schweitzer, *The quest of the historical Jesus : a critical study of its progress from Reimarus to Wrede* (London: Suzeteo Enterprises, 2011), pp.3-5.

一〇 〔美〕帕利坎（J. Pelikan）著；楊德友譯，《歷代耶穌形象》（香港：漢語基督教文化研究所，一九九五），頁五。

一一 段德智，〈試論宗教對話的層次性、基本仲介與普遍模式：三論二十一世紀基督宗教的對話形態〉，《武漢大學學報（人文科學版）》第五十五卷第四期（武漢市，二〇〇二年），頁四二六。

前言

首先在此感謝拿起這本書的你。

這本書是獲得基督教福音宣教會（通稱「攝理」）的協助收集各樣的資料後才得以完書。

我認為一直以來社會上總是對基督教福音宣教會抱持負面的印象，帶有醜聞風格的八卦報導更是雪上加霜。作為一位了解宣教會的人，看見其中有許多偏差不實的內容，不禁感到十分心痛。因此我決心嘗試一些方式傳播正確的資訊，於是便完成了本書。

接下來本書將會聚焦在基督教福音宣教會的創辦人鄭明析牧師，陳述到目前為止這位創辦人度過怎麼樣的人生、他的為人和他的人生路程，並期望藉此踏出了解宣教會的第一步。

即使本書的記載會有不足的部分，但仍深切期望透過本書可以幫助讀者們更了解基督教福音宣教會、他們的活動，以及身為創辦人的鄭明析牧師。

二〇一九年三月　秋本彩乃

第一章
鄭明析先生的誕生

位在韓國首都首爾南方直線距離約六十公里的錦山，以出產高麗人參聞名。從錦山開車約四十分鐘後，就會到達一個叫石幕里的偏遠小鄉村。再由石幕里往山裡去，就會來到以往被稱為「月亮谷（月光明亮的山谷）」的地區。這是個前不著村的山間谷地，只有四戶人家棲身此處。

由於這個村落一直到一九七八年前都無法使用電力，沒有月亮的夜晚便一片漆黑。不過當明月照耀時，整座山谷就會顯得分外明亮，因而被稱為「月亮谷」。山谷西邊面臨如屏風般連綿的大芚山岩壁，而印大山則聳立在其東邊。從山谷邊視野開闊處放眼望去，只見群山交疊、連綿不斷。

一九四五年三月十六日，就在這個村落，創立基督教福音宣教會的鄭明析先生誕生於一間屋齡五十年且幾近傾倒的茅草屋中。鄭明析先生的父親鄭八成身兼農民與礦工二職，母親名為黃吉禮。鄭明析先生在七人兄弟中排行第三。

據說母親正在廚房為白菜抹鹽以製作泡菜時，肚子突然開始陣痛。父親急忙呼叫外祖母前來幫助，孩子才因而平安無事地來到世間。當時清晨四點，嬰孩洪亮的

‖ 圖一　於一九六三年拍攝的家族大合照，
第二排最右邊為鄭明析先生

哭聲與報曉的雞鳴一齊迴蕩在山谷間。

當時的韓國（朝鮮）還在日本的統治之下。不過在新生命誕生的同年八月，韓國不僅脫離日本統治，也迎接到值得紀念的獨立建國日。不過在那日子來到前，這嬰孩就面臨了可能失去生命的危機。他出生還未滿一個月，就染上了黃疸，因為細菌感染而導致皮膚化膿。終戰前的韓國十分窮困，在這樣位於鄉間的山谷更是困乏，根本無法接受基本的醫療診斷。只要染上這疾病，就連成人都無法維持體力，剛出生的嬰孩更毫無可能戰勝病痛。當時他全身發腫，旁人看了莫不心生憐憫。

身為父親的八成到遙遠的其他村里向許多醫生問診，醫生們都說能痊癒的希望渺茫。即使如此，母親吉禮仍不放棄，一聽到「披上貓的皮便能痊癒」的說法，便抱著死馬當活馬醫的心態，將剝下來的貓皮裹在嬰孩身上。一次不見效，就重複嘗試數次，然而始終沒有痊癒的跡象。

如此費盡心力看顧嬰孩，他的病況仍未見起色，甚至一度虛弱到大家都認為離死亡不遠了。已經完全束手無策的母親還讓他服用了當時公認為萬靈丹的牛黃丸兩次，依然不見效果。

於是嬰孩就在某天黃昏沒了呼吸。母親捧起死去的孩子，用白色的布將他裹起，再將他放在陰涼的房間一隅，以免屍體急遽腐化。隨後找了一處不為人知且適合埋葬嬰孩的地方，準備在夜深人靜時將屍體放入甕中再將其埋葬。

當夜幕低垂，家中人們都沉睡時，母親便起身埋葬嬰孩。下葬前一刻，母親心想再看自己的孩子最後一眼，掀開覆蓋在他臉上的白布，並對著油燈的光仔細地察看他的臉龐。沒想到他突然張開眼睛，不斷地眨著眼看著自己。母親驚訝不已，再次察看後才敢相信孩子還活著。接著母親便將他帶到房間溫暖的地方。由於深恐孩子可能再次死去，母親直到黎明都忍著睡意看顧著他。

隔天早上，外祖母從娘家趕到，向母親確認孩子生死。知悉孩子狀況後，便囑咐母親在照料孩子方面不能鬆懈。為此，母親即使在做飯時，也一直看守著他。

不久，嬰兒身上的紅腫逐漸從上半身到指尖消失，三天後便消腫了。自此嬰兒便健康地繼續成長。由於母親祈願死裡逃生的嬰孩能長命百歲，因此取了「命」這個字，將孩子命名為「命錫」（註釋一）。然而考量到孩子的將來，母親最後將「命」改為相同發音的「明」。

當時在村落中並沒有任何上教會的人。神奇的是，即使父母皆沒上過教會，鄭明析先生卻在六歲的時候開始呼求　神（註釋二）。某次他與其他孩子玩耍，被大力推擠時，他便大聲呼求　神幫助自己。由於他幼時連十字架都不曾接觸過，當時目睹一切的母親感到十分不可思議。後來有位傳教士來到村中，開始在一棟空房子中教導關於聖經的內容。鄭明析先生的兩位兄長首先去向傳教士學習，當時不太願意讓仍年幼的他一同前往，直到他年滿九歲，才帶上他一起參與教會活動。

他在教會中開始學習唱讚美歌、禱告，也養成閱讀聖經的習慣。大人尚且難以理解聖經當中的內容，當時年僅九歲的他卻每天不斷地翻閱著聖經。由於終日挨餓，所以年幼的他那時起就期盼能進入沒有飢餓、貧窮與痛苦的天國，這也成為他信仰萌芽的開端。

註釋

一 「命」和「明」二字的韓文發音皆為「Myong」，另外牧師名字中的「錫」也改為同音的「析」。

二 在韓國會以虛歲計算年紀，本書出現的年齡全部為虛歲。虛歲六歲相當於滿四至五歲。

第二章
在貧困之中

‖ 圖二　鄭明析先生出生於有一五〇年屋齡的老屋圖，
以土牆與茅草鋪上屋頂築成

‖ 圖三　鄭明析先生家周圍的樣貌圖

少年時的鄭明析先生由於常常挨餓，所以開始尋求 神。

就在鄭明析先生出生的一九四五年，日本已經殖民朝鮮半島四十年。當時連身為殖民母國的日本，首都圈都已因戰火化為焦土，人民也受飢餓所苦。何況朝鮮半島的農村鄉下，經濟物資的貧乏更是可想而知。除此之外，在二戰結束後的一九五〇年，朝鮮戰爭爆發，造成四百萬人死亡。鄭明析先生所過的少年時代，光是「活著長大」這件事，就十分困難了。

身為三男的鄭明析先生，有兩位哥哥，一位妹妹和三位弟弟。這一家九口所住的這棟草頂房，只有兩間寬為八尺（約二．四公尺）（註釋一）的小房間。父母住在一間，而兄弟姊妹七人住在另一間。小鄭明析先生八歲的弟弟範錫想起那段過往，他形容「大家擠在一塊睡覺，身體就好像要被折斷一樣」。

這棟舊房子，不僅僅只有「狹窄」這個問題。屋齡高達一百五十年的草頂屋，屋頂到處都有腐壞的地方，下雨的時候時常漏水。就算拿出接水的容器，半刻不到就裝滿了。雨水常常把房間弄得到處都是水，必須得出動全家一起擦地板。

若遇到風很大的日子，屋頂會被吹走、土牆也會崩塌，感覺這個家就快要倒塌了，就算想睡也無法好好睡。眼看著快倒塌的房子被風雨無情蹂躪、聽著雨聲咆哮，孩子們縮在一塊發抖。

在那種日子，大家就會去附近的岩石洞裡避雨。鄭明析先生回想少年時期，「在那個『恐龍岩』裡，有一個可以剛好裝下一個人的窪洞。只要進到那個洞裡，就沒有漏水問題，即使被風吹打也不會倒塌，所以很安心。」

在炎熱的季節裏，蚊子結群飛舞，跳蚤、虱子和床蝨也十分猖獗。近年來在日本已很少看到的這些蟲子，因為是夜行性生物，牠們很討厭有光的地方，所以都會躲在牆壁的縫隙內，等到人都睡了，才跑出來活動吸血。比鄭明析先生小十五歲的弟弟——龍錫回想起那段時光，「早上工作很累，晚上正要睡覺的時候，好幾隻跳蚤和床蝨就跑出來咬我，因此我常常得熬夜抓蟲子。」

飢餓的痛苦是難以想像的。

為了找到能糊口的東西，年少的鄭明析先生在山中徘徊尋覓。每逢艾草生長的季節就採艾草回家，放進鍋子裡跟幾粒米一起煮成了像米湯一樣的艾草粥。就算每個人吃一碗，對正值發育期的孩子們來說還是根本不夠。但只要有人多吃一點，母親就沒得吃了。孩子們就在這餓到快昏倒的狀況下，眼巴巴地盯著鍋底忍耐著。

某年因為艾草被摘完，他們不得已挖起艾草根來吃。但因為把根都吃掉了，隔年艾草就長不出來。在無計可施之下，只好去山裡剝樹皮來果腹，就連葛的根都挖出來充飢過。鄭明析先生在回憶錄裡提到，葛根要裂開後曬乾吃，吃完後牙齒會像豬的顏色一樣蠟黃。因此那時候兄弟們會互相說對方是豬，然後捧腹大笑。那時真的是把能放進嘴裡的東西都吃遍了。

小鄭明析先生六歲的弟弟——奎錫回憶道：「因為沒東西可吃，所以全身腫脹，全家還曾經餓到昏倒而站不起來。」鄭明析先生形容當時的困境：「我的肚子餓到像蝌蚪一樣突起來，眼球也凸到像是要飛出去了。骨瘦如柴，大腿瘦得像筷子一樣，胸部也像麻雀一樣小。」

長期下來營養失調，而導致血液循環變差，使得全身腫脹。眼睛也會看起來腫腫的。餓到那種程度，非常有可能死亡，然而這個狀態卻持續了很長一段時間。

父母也付出許多辛勞。「去礦山挖金礦的話，全家或許就能活下去了。」父親鄭八成想著這點，便出外掙錢了。但是，就算出門掙錢，薪水也不會馬上發下來。母親黃吉禮在丈夫不在的時候，為了要給孩子吃些什麼而苦惱不已。

就算盡其所能東奔西走，要餵飽七個孩子也並非簡單的事。「不行了！」已經到極限了，「比起讓你們活著受苦，還不如一起去死吧！」母親一邊想著，一邊走到蓄水池邊，絕望地跳了下去。

她的衣服因為吸水而變得沉重，手腳也難以活動。那時她腦中浮現出一個想法：「如果有死亡的覺悟，那就以這要死的決心活下去吧！」於是，便用盡吃奶的力氣揮動手腳，想從水中爬上岸。等到有意識時，不知怎麼辦到的，自己已經在蓄水池岸上了。回到家中，孩子們正安穩的睡著覺。

在鄭八成工作的礦山，他是找工人們來採礦的仲介商，也是現場的負責人。然而工人們遲遲等不到報酬、付不起房租，如此等待了好幾個月。某天再也受不了如此窘境的鄭八成，像是逃跑一般跑了回家。雖然會讓家裡的人餓肚子，但是可以內心舒坦地生活，所以回家還是比較好吧！

原本以為妻子會迎接出外打拼許久歸來的丈夫，然而，黃吉禮連「歡迎回家」也不說，反而劈頭問道：「爸爸，錢呢？孩子們餓到臉都浮腫了。再這樣下去，大家都會死的。」

他看見了在黃吉禮身後那昏暗的房間裡，孩子全身浮腫的模樣。有蹲在地上的，有全身無力地躺著的。本來應該是活力滿滿，在山上奔跑遊玩的年紀，怎麼會動個身體的力氣也沒有呢？「連讓孩子好好吃一頓飯都做不到，這樣敢說自己是爸爸嗎？」鄭八成對自己的不中用感到一肚子火，最終破口大罵：「死掉的話，就拿去埋一埋啦！」一瞬寂靜後，黃吉禮抓起丈夫的領子，大力的晃動。平常溫順的妻子，在那時滿臉憤怒地盯著他。「那麼就先殺了我吧！」妻子崩潰地痛哭了起來。鄭八成無言以對，就那樣離開家，回礦山去了。

註釋

一　韓文的「척」翻作「尺」，一尺約為三十公分。

第三章
人生的問題

一九五八年，鄭明析先生從國民學校（小學學校）畢業。大哥跟二哥雖然有念國中，但因為家計問題，鄭明析先生沒辦法升學。在朋友都去國中上學時，鄭明析先生卻在家裡幫忙田事，並到山裡撿柴。

汲水、耕土、播種、照顧牛隻、撿柴、割草。工作已經像山一樣多了，但因為處在海拔四百公尺高地的深山裡，每天都必須往返於陡峭的山坡路。而且，身上還得揹著柴火、農具等重物行走。

當時所有的工作都必須以人力作業，對身體造成相當大的負擔。必須長時間彎著腰工作，也得揹著搖晃不穩又沉重的背囊上山，所以腰和腳的骨頭都歪曲了。

才剛從小學畢業的少年，即使在貧瘠的土地工作了一整天，能溫飽的食物卻也只有一小片大蒜，和一口沾了些許苦椒醬的麥飯。但有這些能吃的話，還算是不錯的了。

鄭家並沒有能適合耕種的土地，只能在離家遠一點、雜草叢生的土地上耕作。

「我們就那邊也種一點，這邊也種一點。」鄭明析先生如此回憶道。

「其他的孩子都可以去上學，也都可以吃飯，但為什麼只有我要這麼辛苦呢？」

少年走在山路忖量著。「有些人打從一出生，就在繁榮的都市長大。那邊沒有蛇，也沒有荊棘叢生，可以吃好多食物，買好多喜歡的東西，但為什麼我沒辦法離開這座深山呢？」想著想著，便開始思考起「人為什麼要出生呢？」「人為什麼活著呢？」等人生的根本問題。然而，卻沒有能夠教導他的人。

有時他心裏也會想：「一定要離開故鄉才行。」就算做個付出勞力的臨時工，只要能住在有燈火的城市，都比現在好太多了。兄弟們一個接著一個離開家鄉了，但少年卻像是被這塊土地束縛住一樣，沒辦法離開故鄉。

能支撐少年的，就只有耶穌基督的教導了。

靠著讀聖經、唱讚美歌和禱告，生活的苦悶似乎減緩了不少。特別讓少年感到雀躍的是， 神的世界——天國的存在。他每天讀著聖經，把所有耶穌提到關於天國的經文，讀了一遍又一遍。漸漸地，和救贖自己的耶穌見面，變成了這位少年的

‖ 圖四　小學時期

‖ 圖五　打掉屋齡一五〇年的草頂屋並重新建造的房子
（拍攝年份不詳）

心願。因為聖經上記載，如果耶穌再臨，地上就會變成天國。

「這個世界上有這麼多優秀的人，耶穌會看上這麼不起眼的我嗎？雖然，我想成為信仰上的第一名，但在學校念書的人才可以成為第一名吧？不過就算成為最後一名也沒關係，我一定要見到耶穌！」

懷抱著夢想的少年，為了知道耶穌會怎麼再臨而將聖經讀了好幾遍。為了要吸引耶穌的目光，他徹底地持守聖經的教導。

聖經上記載「基督再臨時，會以火審判」。因此當有火災發生時，他真的以為是耶穌再臨了而衝到現場。然而那殘酷的景象令他感受到很大的衝擊，「基督真的會做出這麼殘忍的事情嗎？」他感到不解。

聖經也說「基督會駕雲而來」。因此，他常常盯著天上的雲，期盼著今天是不是耶穌要來的日子。「如果耶穌從天上駕著雲而來的話，一定會降落在高處吧！」於是，他將家裡附近視野很好的山頂上的地面鋪平，心想著耶穌就算在自己沒辦法親眼目睹的時候來臨，祂走過時也一定會留下足跡。某天，這山頂上真的出現足跡了。他興奮地跑過去看，沒想到只是村裡的老伯而失望透頂。平常看到形狀很奇特的雲朵時，他也想著：「耶穌說不定就在那個雲上面！」而停下腳步眺望。雖然愈讀經愈是產生疑問，但是想見到耶穌的信仰，讓這位少年實踐聖經、磨練並成長了。

弟弟範錫從母親那裏聽來一個故事。那是三哥鄭明析先生還是小學生時，為了弟弟們而從學校把珍貴的奶粉帶回家的故事。「朝鮮戰爭剛結束時，糧食相當不足。當時奶粉是其他國家為了援助韓國小孩的物資，因此十分珍貴。某天哥哥從學校帶了奶粉回家。母親聽說是學校的老師給的，於是到學校跟老師致謝。然而老師卻說：『要道謝的話，跟你的兒子道謝吧！您真的有一個很優秀的兒子啊！』一問之下才知道，原來在成長發育期的哥哥不喝學校配發給學生的奶粉，老師詢問他為什麼，哥哥說：『因為我要帶回家給弟弟。』老師雖然跟他說：『一旦溶進水裡就帶不回家了喔！』但哥哥堅決不喝。直到老師跟他說：『弟弟的份我再另外給你。』他才願意喝掉。」

那些奶粉是因為班導師被這位少年的言語所感動而給他的。「一般來說，沒有食物、常常肚子餓的小學生，才不會為了弟弟而忍耐不吃眼前的食物吧！但哥哥卻遵守耶穌基督的教導：『若有人要拿你的裡衣，連外衣也要給他』，如此生活。」弟弟範錫說道。

同樣也是弟弟的龍錫說，那時鄭明析先生在教會學校（主日學）擔任小朋友的教師，身為哥哥的鄭明析先生常常揹著弟弟上教會。揹完小他八歲的範錫到教會後，再回來揹小他十五歲的龍錫。「聖誕節的時候，哥哥做了可以讓駱駝和三位博士動起來的機關，演出一齣戲劇給我們看，那時真的覺得很不可思議。為了逗教會學校的孩子們開心，哥哥總是做很多有趣的東西，花了很多功夫教導我。」

另外，如果沒有好好讀書，就會被鄭明析先生責罵。「但哥哥責罵完後，就對我更加溫柔。哥哥總是以著愛教導我，就像父親一樣。」龍錫說。

少年向教會的牧師詢問聖經的問題，有時甚至還走了二十公里，去詢問有名的復興講師（註釋二）。但對方卻告訴他：「你會有這樣的疑問，都是因為你信仰不夠堅定。」沒辦法了，於是他想：「更加地讀聖經，再來禱告問問看耶穌吧！」

從早到晚，少年做農事時也帶著聖經，挑著肥料時也讀聖經，聖經掉到穢物中，也拿起來洗過後再繼續讀。牽牛犁田時，甚至將讀到破爛而從書中掉下來的書頁，貼在牛的屁股上繼續讀。太陽下山後，就跑到山上或洞窟裡，靠著月亮或蠟燭的燈光照明讀經，專心向耶穌禱告來解開心中的疑惑。

「這樣做真的好嗎？」

連自己都覺得做得太超過了。追尋著不知道何時才會現身的耶穌，每天把眼睛黏在聖經上的樣子，被村民指指點點，說是「過度的信仰生活」，就連父母也無法理解。少年一邊看著別人臉色，一邊在山洞生活，感到辛苦不已。

「明明　神約定說要降臨，為什麼卻是以身為人類的耶穌出現呢？」

對於日益增加的疑問感到不滿，徒勞感油然而生，最終少年把聖經埋了起來。

「不能再沉溺於過度的信仰，像笨蛋一樣生活了。我不再讀聖經了。我要自己努力讀書，找到生存的道路。」於是他拿著一大堆聖經以外的書，跑到洞窟裡讀。想說不能夠上學的話，就努力自學。此外他也很努力做農事。他相信，只要有普通的信仰並且努力工作，一定能擺脫痛苦。

某天，一如往常地揹著重負行走山路的少年，看見了一列螞蟻。

螞蟻們正在搬運比自己大上好幾倍的獵物，拚死拚活地想搬進蟻巢裡。「你們也在搬重物啊！看來我們都一樣呢！」將自己投射在螞蟻上的少年，在草叢裡找到一隻蟲，想要給螞蟻們吃。「如果這樣能填飽肚子就好了。」然而，螞蟻們看到這突然出現的龐然大物，驚嚇不已，到處逃竄。

「明明有這麼大的蟲子可以吃一整天……」正當少年煩惱，要怎麼跟螞蟻傳達這蟲子是要施捨給牠們的時候，腦中傳來了一個聲音：

「那麼，只要跟螞蟻說話就可以了。」

「我是人類，要怎樣才可以跟螞蟻說話呢？」少年想都沒想地回應後，那個聲音回答：「只要你變成螞蟻就行啦！」當下，少年回想起曾經的疑問。「沒錯！如果要跟螞蟻說話，不變成螞蟻的話，語言是不會通的。如此一般，　神如果要跟人說話，也必須要是人類才可以溝通！所以　神並沒有直接出現，而是差遣耶穌到世上啊！」

少年立刻跑到掩埋聖經的地方，將它從土裡挖出來。今後到底還要面對多少疑惑？還要禱告和實踐多少？雖然這些令人茫然的想法並未全然消失，但至少在那瞬間，對那扇被開啟的門後的世界，少年有著無比的渴望。

註釋

一　基督教為了傳福音或強化信仰而舉辦的傳道大會或大規模活動，被稱作「復興聚會」，而被邀請來復興聚會講道的牧師，則被稱作「復興講師」。有時也會跨越教派舉行聚會。

第四章
獻上青春

鄭明析先生在大約國高中的年紀，就過著修道生活。月亮谷下方，有一個叫作石幕里的村莊。那裡的村民這樣描述當時的鄭明析先生：「不管是睡著還是醒著，他總是聖經不離手。」與鄭明析先生家族深交，住在大田（註釋二）的前礦山管理員也回憶道：

當時曾因為降雪而導致工作中斷。一週後我經過那個洞窟時發現，明明沒有進入洞窟的足跡，卻有走出來的腳印。我覺得很不可思議，問了附近的居民，他們告訴我：「明析把自己閉關在洞窟裡禱告，終於出來了吧。」當時我簡直無法相信：「真的假的！難道他在下大雪之前就在洞窟裡了嗎？」

或許是時代和環境背景不同，現在的十幾歲青少年，應該是會沉浸在戀愛或興趣的年紀。然而同樣在這年紀的鄭明析先生，卻經常跑進山裡，在洞窟裡不分晝夜地研讀聖經。在村民眼中，這簡直脫離常軌且難以置信。村民間因而出現許多流言蜚語：「就算是相信　神，這也做得太過頭了吧」、「為什麼不跟父母一起作農事，而是像浮萍一樣生活呢」、「在這種季節卻不做農事，根本就是瘋子」。

然而事實上，少年並非村民所言的「無所事事」。排行最小的弟弟龍錫從父親那裡聽到了這則軼事。「某天，因為哥哥在豆子需要收割的時候跑去教會，所以父親非常生氣。他帶著滿腹的怒氣到田裡一看，沒想到豆子不知道是被誰摘走了，一顆也沒有留下。父親驚訝地想著，該不會是被小偷偷走了吧？結果，原來是哥哥和教會的年輕人，為了要在禮拜天去教會做禮拜，在前一天晚上就收割了所有的豆子。父親知道後，感到很欣慰。這樣的事情不斷在重演，就連當初極力反對的父親，最後也開始上教會了。」

某天，少年深入地禱告了：「為了救援所有人類，甚至被釘在殘酷的十字架上，這是多麼的痛苦呢？」他體會到耶穌基督犧牲自己拯救人類的愛，胸如刀割，便悲從中來，淚流不止。因此，他下定了決心：「我也要以著那樣的精神和愛，成為基督的身軀來生活！」、「耶穌啊！請讓我擦拭您的淚水。我會傳達耶穌的愛及話語，讓人們不走向死亡。我雖然沒有學識，什麼也沒有，但是，我愛耶穌的內心，絕對不會輸給任何人！我會盡心盡性盡意地傳達話語的，請您與我同在！」他由衷地禱告。

這是鄭明析先生畫的一幅畫。在畫裡的是一個宛如人形的松樹，正在屈膝合掌禱告。腳尖的樹根紮紮實實地附著在堅硬的岩石上，突破岩石，往深處蔓延。這個作品的名稱叫作「禱告是愛」。松樹在人無法觸及的高山岩壁上也能

‖ 圖六　鄭明析先生的畫作「禱告是愛」

生長。種子從岩壁掉落後，在很長的歲月中逐漸扎根，靠著從天而降的雨水成長。舊約聖經中登場的大衛王，稱　神為「我的磐石」。就像畫中的松樹，長年累月扎根於岩石上，鄭明析先生的人生也因著「禱告」，將信仰的根扎在　神的身上。

以下摘錄鄭明析先生所作的部分手記，描述他年輕時的修道生活。

> 地板冰冷，下巴冷到咯咯作響。已經凌晨三點了。一踏出門外，便寒風刺骨。這是寒冬的清晨。我起床後第一個該去的地方，是我拿來當作冷水浴場的、位在庭院角落的水井。
>
> 這天格外寒冷，我實在很不想將冰水潑在自己身上。但是，沒將身體洗乾淨就獻上我的真心的話，怎麼想都覺得很不乾淨。這淺井的水結成冰了。我用腳踹它，試著想把冰踢破，卻沒成功。這冰結凍得很厚，我拿槌子敲打看看，發現這冰結得跟我的手一樣厚。最後，我總算開了一個可以放入水桶的小洞。明明還沒脫衣服，卻感覺到全身都在結冰一樣。我咬著牙，脫掉衣服，將含有碎冰的冰水，一不作二

不休地從身上倒下去。我全身都在顫抖。但因為我討厭形式化地獻上，所以我拿起肥皂洗遍全身，直到肥皂都洗乾淨之前，不斷朝著自己倒冰水。

今天不知道為什麼，身體很抗拒。似乎是不喜歡在寒冬下用冰水洗澡，覺得痛苦不堪。不，是沒辦法忍耐。那個抵抗的聲音對我說：「難道非得要做到這種地步，　神才會垂聽你的禱告、接納你的真心嗎？真的有必要做到這樣嗎？不是一兩天，而是一年、三百六十五天喔！更何況並非只有在春天或夏天，就連這種寒冷的冬天也必須這麼做。實在是太辛苦了。真的有必要做到這種地步嗎？」

我的身體痛聲慘叫，很想放棄，告訴我它已經沒辦法再繼續撐下去了。雖然說是要讓靈魂活過來，但有必要把身體凌虐到這種程度嗎？於是我變得自暴自棄，喪失自信。清晨的寒風颼颼，吹在我赤裸的身體上。我失落地坐在結凍的淺井旁，像是靈魂被抽走的空殼，呆呆地蹲在那裡一動也不動。「難道只有我有犯罪嗎？為什麼我得做到這種地步呢？」此時，天賜下了一個靈感。「所以弟兄們，我以　神的慈悲勸你們，將身體獻上，當作活祭，是聖潔的，是　神所喜悅的；你們如此事奉

乃是理所當然的。」（新約聖經．羅馬書十二章一節）

不曉得是不是從　神那裡得到力量，我迅速起身，將摻有碎冰的冰水，倒在頭頂上好幾次。「因為是要獻上給神的，不只有內心，就連身體也要潔淨才行。」不知從哪裡來的力量湧現，「明天早上一定要搓掉污垢！」我的心情豁然開朗。於是開始獻上清晨的禱告，想著自己、民族、世界和全世界的人，含淚禱告了。

某天我在獼猴桃谷（註釋二）的洞窟裡禱告的時候，母親來了。因為我已經很長一段時間沒回家，母親擔心我凍死在積雪的寒冬裡。母親沒辦法走到大芼山（註釋三）找我，所以便想說我會不會在洞窟裡，於是帶著裝有熱水的水壺和飯來找我了。

當時我正在禱告，聽到洞窟外有人在喊我，嚇得豎起耳朵，原來是母親的聲音。「我禱告到一半，請不要進來。」「我有帶食物來，吃完之後再禱告吧！」「我不吃，請您帶回去吧！」儘管如此，母親還是走進來了。因為洞窟的入口好像要崩塌了，十分危險，所以我丟石頭，想阻止母親。然而，母親知道我還活著感到非常開心，就這樣一路走到洞窟的底下。「我不吃飯，只要喝水就好。現在是禁食期間，如果吃飯的話，就得從頭開始了。」我跟母親說，因為已經七個星期都沒進食了，突然吃東西的話，可能會引發身體不適，於是母親就把飯帶回家，只留下裝著熱水的水壺。「回家禱告吧！冬天不用做農事，不需要顧慮你父親跟弟弟。」

雖然母親這樣說了，我還是認為，在家裡沒辦法禱告好幾個小時、好幾天，所以洞窟還是比較好。如果被弟弟或父親知道我在這裡的話，肯定會被帶回家。事情要是變成那樣，我就要移動到那座寒冷的大芼山，因此我拜託母親別跟任何人說。母親也答應我了。

‖ 圖七　將洞窟裡禱告的樣子重現的圖畫

「如果我快餓死了，我會在晚上悄悄地回家吃飯的，所以別擔心我，回家吧！」

我對母親說道。那時候的母親還很年輕。

我想說喝水可能會刺激到胃而痛到無法禱告，於是將水壺放在洞窟外頭。等我結束漫長的禱告，想去拿水喝的時候，卻發現水壺已經凍成冰了。因為不能把它弄壞，於是把它帶回家了。母親看到這個，問我是不是連水都沒喝。我做到連自己也覺得可怕的程度，在天的面前如此立下條件了。

在大芚山和橄欖山（註釋四）禱告，刻苦勤學的修道生活持續了二十一年。雖然我是一個人走過來的，但　神和聖子一直在我身旁，與我同在。在山上或洞窟裡的二十一年間，如果我沒有按照天的旨意生活，就無法領受要傳達給這個世上的屬天話語，也不會有什麼可以給跟隨過來的人們看。

（節錄自鄭明析先生回憶錄《只有我行走的道路》）

註釋

一　位於大約韓國的中央地區（首爾與釜山的中間點）。從鄭明析先生的老家開車大約要花上一小時。

二　有許多獼猴桃的山路，在韓文把它稱作「獼猴桃谷」。

三　在鄭明析先生居住的月亮谷的西北方四公里處，標高八百七十八公尺的山。光禿禿的岩壁形成奇岩絕壁，造成神秘的景觀。

四　雖然月亮谷也在山裡，不過橄欖山位置比月亮谷還高。

|| 圖八　鄭明析先生禱告的洞窟

第五章
越戰的經驗

「愛生命吧。」這是鄭明析先生在禮拜證道中常說的話語。不論是誰都知道要尊重生命。但是鄭明析先生說：「滲透骨髓般地徹底體會這道理的人並不多」。他自己是在槍聲與砲彈聲響徹的越戰戰場上「滲透骨髓般地」體會的。鄭明析先生在二十一歲時被徵召入伍，在一九六六到一九六九年的三年間，兩度被派到越戰的前線戰場上。

越南戰爭，是在印度支那戰爭後分裂的南越與北越，為了統一而引起的戰爭。然而在第二次世界大戰後，民主主義的美國與社會主義的蘇聯之間，名為冷戰的意識形態對立浮上檯面，越南戰爭實為美蘇冷戰的代理戰爭。

南韓於一九六四年七月十五日正式參與越戰。在參戰的猛虎部隊、白馬部隊、青龍部隊三個師團中，鄭明析先生隸屬於白馬部隊。同一師團的第二十九隊連隊長中，也包括後來成為韓國第十一與十二任總統的全斗煥。

年僅二十一歲、很年輕的鄭明析先生，起初並不想承受高死亡風險到越南前線，於是極其懇切的禱告懇求：「無論如何請　神讓我能免於上戰場！難道一年傳道一萬人是小事嗎？即使父母強烈反對，我也沒有退縮地做　神的事工了不是嗎？」他這樣禱告訴說。

後來某天他因為不明原因生了重病，發燒之外，還出現了鼻血、血便等症狀。這樣完全無法進食的狀態持續了一週。「神為了讓我不去參與越戰所以讓我生了病啊。」他這樣想著而向　神獻上感謝的禱告，然而症狀卻不斷惡化。

當他太過痛苦而向　神哀號：「　神啊，我快要死了！」那時，　神的聲音傳到他內心中：「你若愛我，不就應當如同大衛（舊約撒母耳記中的人物），為了我而勇敢地征戰嗎？正因為有愛我的你去行動，我才能動工不是嗎？說相信　神卻狡猾地思考，這樣行嗎？」

體會到自己的想法和　神的想法不同，他為自己逃避去越南的這副模樣而悔改。那時還只是被徵召分派部隊的階段，是否要去越南還未成定論。但他很快地被招募為志願軍，並提出了志願書。「為了國家我要去越南，我自願去前線。我想要作為揹負十字架的士兵來作戰。」

結果他被派遣到的越南戰場，正是如同聖經中所說的死蔭幽谷一般的地方。一九七五年，根據美國福特總統公開發表的公文，兩軍共犧牲一百六十多萬條人命。參與數百次戰爭的他，目睹了無數的生命死去。

某個晴朗日子，他偶然仰望湛藍澄澈的天空，一邊不自覺地跟　神對話起來。「請您守護生命吧！來到戰場上，我已經目睹了無數的生命死去。人若賺得全世界，卻賠上自己的性命，又有什麼益處呢？我想起這樣的聖經經文。我並不想要獲得什麼勳章，回到鄉下後度過怎樣的生活也無所謂。請讓我能救援生命！」這樣對　神訴說後，內心響起了聲音。「你體會到了生命的寶貴。因為你珍惜生命，所以我會看顧你。我必定會讓你活著回去。」因此他相信自己能夠活著回去。擔憂雖未全然消失，內心卻湧出了確信的希望。他再次仰望天空，儘管無法看見　神，看著那澄澈天空時卻彷彿看見了　神的眼睛一般。

某天跟鄭明析先生一起執勤的士兵提到自己十八歲時加入海軍陸戰隊。鄭明析先生問他來越南多久了呢，他答道：「已經一年了，只剩下一個月，但不知道能不能活著回去。」「只剩一個月了卻沒有自信嗎？」「是的，我沒有自信，我跟隨的分隊長死了，原本九人的分隊已經死了六個人。我雖然活了下來，但仍然不安到快瘋了。與其想著要活下去而感到不安，不如想著自己已經死了還比較輕鬆。你聽聽參考就好，戰場上絕對不要勉強逞英雄，但也不能一味逃跑。小心不要隨便惹到人，若被盯上，被自己的同袍殺死的也大有人在。」他聽到鄭明析先生有上教會後說：「想請你為我能活著回去禱告。」於是鄭明析先生為他按手禱告了。「　神啊！請您讓這個人活著回去，也請讓我活著回去吧！」

鄭明析先生在戰場上也時常聖經不離手。看身邊的士兵，有的為了立功績拿勳章而積極作為、有的從敵人屍體上蒐集錢財、有的為了戰後能帶咖啡和砂糖歸國而努力儲藏、也有人為了戰後能帶電視和收音機回國而存錢……什麼樣的人都有。但鄭明析先生只有一個心願：「請　神守護生命吧。」僅此而已。

在這與死亡為伍的環境下，體會到生命比起任何事物都更重要並將之刻在心版上的鄭明析先生，暗自下了決心，那就是「絕對不殺人」。部隊中有專門照顧傷患的醫療兵、負責與總部聯繫的通訊兵，所有人都被賦予各自的使命。鄭明析先生擁有狙擊的實力，被分配到了機動打擊特殊中隊，成為一名狙擊兵。狙擊兵負責在敵人出現時率先出手攻擊。鄭明析先生需隨身帶著稱為Ｍ79的榴彈發射器。射程距離四十六到兩百七十四公尺，子彈著地點的半徑五公尺範圍內還會有近三百個鋼鐵碎片噴飛。一發攻擊即有讓五十人受傷的殺傷力。但是鄭明析先生從來沒有對敵人使用過這武器，總是對不會打到人的地方發射。

鄭明析先生幾次在證道中說明那原因：「敵人也有在故鄉等待他們的家人、愛人、朋友對吧？那些人也是提心吊膽，一日如同千年般漫長地等待了不是嗎？也向神或佛祖禱告了對吧？想到這些，就跟我故鄉等待我的兄弟的身影重疊，我的心情也變得沉重痛苦起來。如果換作我是被殺的士兵，雙親與兄弟會多麼思念我呢？替換立場後思考看看，不該殺害他們的想法就如潮水般洶湧而來。」相信著　神和耶穌，從小禱告「我不要傷害人，我要愛仇敵」而長大的鄭明析先生，對他而言，殺害人這類的事情即使身在戰場，他的良心也是不允許的。光是想也如同被雙面刃刺穿、被針刺到一般。因為已經深刻體會到生命的寶貴，無論在戰場上或在何處，作為一個相信耶穌的人，哪怕是一瞬間他也不會從腦中忘記這信念。鄭明析先生如此下定決心。他的二哥為了弟弟的平安，每天清晨爬上雪山禱告。不論敵人或是同袍，總有為了那人的平安在禱告的人，這點是不會改變的。

他思考著，在戰場上如何能夠到最後都不開槍呢？最後得出「不殺死敵人，而是將之俘虜的話也很好不是嗎」這樣的結論。但事實上若不對著敵人開槍，自己就會被射殺。在戰場上，比起殺死一百人，一個人要活下來是更難的。儘管如此，鄭明析先生直到最後都貫徹了不殺人的信念。

一位當時同隊的小隊長，後來在宣教會製作的影片中如此敘述了襲擊敵人聯隊本部時鄭明析先生的行為：

某天在雨中，潛入敵人本部的部隊在那裏殺了超過三十人，途中唯獨不見鄭明析先生的身影。難道是倒在敵人的槍下了嗎？我們這樣擔心著，結果他帶著幾個俘虜出現在我們面前。當時的作戰計畫是要將敵人全部射殺，更何況部隊在雨中作戰完已經疲憊不堪，沒有將俘虜帶回去的餘力。我說「你這傢伙為什麼沒有殺死敵人而是俘虜他們呢！」鄭明析先生說「他們也有親兄弟啊！」而不肯讓步。他都那樣說了，沒辦法，只好把俘虜帶回去了。

還有一天，中隊的所有人都出去進行作戰，只有少數人留著擔任步哨。步哨是獨自進行晚上六小時的任務，那天鄭明析先生從晚上十二點開始執勤，那是個月光明亮的夜晚。「在越南的戰線，數百據點一夜之間，就喪失我軍與敵軍共五、六十人的性命。但今夜若敵人出現在我面前，我會讓所有人都活下去。」鄭明析先生這樣禱告了。

月光照著越南綏和的海岸，只能看到距離哨所一公尺遠的海岸，那時鄭明析先生看見有數十人規模的群眾沿著海岸往他所在的部隊移動過來。仔細一看，後面還有數十人跟著過來。他看向時鐘，短針正指著數字1。從他們的裝備推測，是敵軍的正規特殊部隊，總數約有八十人。他們在距離鄭明析先生所在的哨所約十公尺的地方蹲著抽菸，隔著鐵絲網看向這邊。

特殊部隊的隊員，都受過一人壓制數十人的訓練，鄭明析先生也受過一整套完整的訓練，卻仍然敵不過八十名特殊部隊。恐怕即使有一千人的韓國軍，也很難是他們的對手。他的脈搏加快、重重地跳動。很有可能他們知道白馬部隊的連隊外出進行聯合作戰，所以下山來埋伏在這海岸。看得出來他們為了奪取武器，打算發動攻擊來佔領武器倉庫。

不過，也並非全無勝算。鄭明析先生所在的地方，設有四台克萊莫地雷、二十個以上的手榴彈，還有其他的擲彈槍、自動手槍。克萊莫地雷一旦爆發，一次就會噴散出六百個豆子大小的鐵球，擁有能殲滅五十公尺內數十人的恐怖威力。只要按下開關，那八十人連反擊的時間都沒有，將會全部死掉。鄭明析先生緊貼在哨所的牆壁，敵人都沒有察覺到他。他們完全不知道現在就是一個開關能殺死所有人的關鍵時刻，還抽著菸閒聊。若殲滅八十人特殊部隊，就能得到美國授予勳章，一輩子能領取年金來生活吧。但是鄭明析先生的心中，並沒有任何想要立功績的心思，只一心想著「一定要讓他們活著回去」。不只他們，包括他們的兄弟、愛人、朋友，數百人的命運都被這瞬間左右。

但從另一方面來說，若戰鬥開始，還有餘裕擔憂敵人的性命嗎。他沒有百分百的自信。後來鄭明析先生回顧那時動搖的心情：「我想起當時自己只一心禱告，希望絕對不要殺死出現在我面前的敵人。我哭著想說為什麼禱告了這個呢？為什麼在我面前敵人會這樣出現呢。這是偶然的，還是 神的計畫呢？是為了試煉我嗎？我如此煩惱。雖然想要幫助他們、讓他們活下去，但也無法做到自己去死來讓敵人活下去，不是嗎？」同伴幾乎都出去進行作戰計畫了，沒有無線對講機，也無法取得聯絡。他朝中繼狀況室試著送出特殊訊號，但可能是值勤兵打瞌睡了，什麼反應也沒有。無法求得任何援助的狀況下，鄭明析先生立刻呼喚了 神。這是 神計畫好的夜晚嗎？是自己將死之日嗎？還是要將敵人全部消滅的日子呢？他完全不明白。

在哨所的洞穴裡向外窺看，他們已經穿越了鐵絲網。他寒毛直豎、喘不過氣。

束手無策之下，只好開啟克萊莫地雷的第一階段，發出了小小的金屬聲。若按下第二階段的開關，就會爆炸。按下第二階段的開關前，他在內心裡尋找了　神。「應該要引爆嗎？敵人立刻就會過來了。我想按照『要愛仇敵』這句聖經經文幫助他們，但若幫助他們，我就會有危險。該怎麼辦才好！」他這樣禱告了，但什麼回應也沒有，沒有任何關於該怎麼做、別擔心之類的回覆。感覺彷佛肝都發麻、骨頭都焦爛一般，再兩三分鐘，敵人就要到這裡了。該按下按鈕，還是不該按下按鈕呢？他緊閉雙眼，留著淚不斷地禱告。「能夠拯救他們的性命、也拯救我性命的，除了神以外沒有別人了！　神無法親自過來的話，差派天使也好，請幫助我解決這個難題！」

這樣禱告時，不可思議的事情發生了。他短暫地睜開雙眼時，看見八十人中有六十人，沿著海岸往遠處調轉腳步。剩下的二十名，過不久也開始離開。他看著他們的背影，他們彼此嬉戲打鬧，是在戰場上平常幾乎不會看到的和平與愛的模樣。他目送他們直到再也看不見為止，發現自己已渾身大汗淋漓。

在鄭明析先生的手稿與主日證道中，提到在越戰的親身經歷。

這是一九六七年七月，在越南綏和市徹夜作戰的故事。清晨時我收到命令去確認前一天戰爭的結果。才前進一百公尺左右，不忍卒睹的光景就映入眼簾，有超過兩百具屍體散亂遍地。

為了遵照一九四九年締結的日內瓦公約將屍體埋葬，過了一週後再去看看，全都已經腐爛了。因為氣溫將近三十七到三十八度，實在沒辦法。屍體中滿滿都是蛆，在那裡不斷蠕動。一隻一隻清晰可辨。蛆非常肥大，扭曲鑽動的樣子至今仍歷歷在目，連那臭味都能回想起來，無法從記憶中消除。

把屍體搬運去埋葬可不是普通的搬運。稍微動到拉到，屍體的手臂就脫落、頭就斷掉、腿就掉下來。我哭了。聞著惡臭，為了不要讓自己吐出來，我在口中含著土壤搬運屍體。「人一旦死掉就會變成這樣，都會腐爛。」我這樣想，將數十人倒進一個坑洞，然後將土填滿。人們常常說「死了就都結束了」，我卻認為「這個人的靈魂若去到地獄就大事不妙了」。我為了死去的人們的靈魂懇切地禱告。

我在痛苦中學習了人生、學習了空虛、也學到了恐懼。看著眼前的人死去真的很恐怖。早上我一醒來，就想著今天也許就是自己要死了。誰也無法保證自己今天能活命。某天同袍說：「我今天可能會死，鄭兵長，請你為我禱告，我做了惡夢。」「這樣的話，不要上戰場比較好。」「不，不能脫隊不是嗎。」因為當時我幫小隊長傳令，就告訴小隊長：「他做了惡夢，說自己沒有自信，今天不要帶他去戰場比較好。」「這樣的話今天就放假吧。」小隊長說。每個人都活在「今天可能自己就會死去」的恐懼當中。

戰場中我體會了什麼？就是恐懼。對死亡的恐懼。被槍射中、至今仍害怕的、被扣下板機的那種恐懼感。我在那樣的恐懼當中度過了兩年。

因著死亡逼近而感受到的恐懼，真的非常可怕。但是靈去到地獄是更可怕的。看過地獄的人們都這麼說。無論如何絕對不要讓自己去到地獄。

某天，我去前一天經歷戰爭的地方執行確認敵軍屍體的任務。這是非常危險的任務，因為有可能遭遇還活著的士兵的報復攻擊。我與同袍兩人屏氣凝神地匍匐前進，花了一小時左右小心翼翼地執行任務。

突然，在前方三公尺處一棵大樹的旁邊，出現半張人臉和瞄準這裡的槍口。敵人的眼神充滿殺氣。我身體僵直，感到茫然。眼前變得一片漆黑，再怎麼提起精神看，狀況也沒有任何改變。我手中雖然有槍，卻連托住槍的力氣都喪失了。

敵人瞄準呆若木雞站著的我，我想已經沒指望了而閉上眼睛，心中呼喚著神。這時突然聽到從天傳來的聲音。「靠近他，去愛吧！」這聲音之巨大，我想是地球上所有人都能聽見的程度，如雷一般響起。那確實是神的聲音！充滿著愛的同時又有威嚴，令人畏懼地響起。我在心中回答：「我靠近的話他會將我殺死的吧！」只要稍微動一下，那板機肯定會扣下的。再次，如同在催促一般，那聲音又響起。「去愛吧！」「即使動了就會死……嗎？」我再次詢問，卻沒有再聽到任何回應。站著不動也會死、動了也會死，反正都是要死，我想要按照　神所說的去做再死。我決定要去愛敵人。舉起如同一噸重的腳，踏出去的那瞬間，胸口一陣沸騰，身體的僵硬解除了，湧出了超人一般的力量。對方和我眨也不眨地凝視著彼此，正要踏出第二步時，我將那名敵軍看成了妹妹。我驚訝地丟下了槍，大叫出妹妹的名字跑了過去。「蓉子！你怎麼會在這裡！」我叫喊著抱住對方大哭起來，邊哭邊再重新看對方，我所擁抱著的是先前看到的敵軍。為什麼一定要殺了彼此呢？兩人互相擁抱，痛哭起來。像這樣大概哭了四十分鐘，敵軍突然露出像是想起什麼的表情，慢慢挪動並抬起坐著的臀部，右手伸進臀部下方，他按住我，做出「因為很危險，往後面放低身體」的手勢。

原來那個士兵因為膝蓋被射中負了傷，無法逃跑。本來想要和來確認屍體的我們一起同歸於盡，所以將手榴彈的安全栓拔掉，並坐在那上面。明明手榴彈上方的身體在哭了那麼長的時間中震動，但手榴彈卻沒有爆炸，真的是神蹟。

最終敵人與我都保住性命。在我已經絕望的狀況中，　神因為愛著我和敵人，教導了我們一起活下來的方法。我聽從「去愛吧」這話語，雖然可能會死，但我因為愛著神而順從了那話語，結果才能活下來。

（節錄自鄭明析先生的回憶錄與禮拜證道）

面對槍口對準自己的士兵，鄭明析先生順從　神「去愛吧」的聲音而跑上前，抱住對方大哭起來後，鄭明析先生詢問那個士兵，對方說他也聽見了如雷貫耳的「去愛吧」的聲音，因此在鄭明析先生靠近時他也沒有開槍。他還說自己也是個基督徒，並掏出十字架項鍊給鄭明析先生看。

但，那故事有個悲傷的後話。

鄭明析先生將那受傷的敵兵作為俘虜帶回去照顧，一位長官以調查為由將那敵兵帶走，鄭明析先生當時正與同袍一起，授命去探查敵方的洞窟。瞬間爆炸的聲音響起，外出查看，發現那位長官將克萊莫地雷引爆，將俘虜的身軀炸成碎片。鄭明析先生非常憤怒。

「明明是投降了的人，為什麼要殺死他！」

「你打算跟敵人一起生活嗎？」

「帶去收容所，讓他再次得到自由不是很好嗎！」

「基督徒可能會這麼做，我是指揮官，當然要殺死敵人！」

那位長官會這麼說，是因為想著「一旦將俘虜送到總部，從他那裡得到敵軍情報之後，就又不得不再參與危險的戰鬥」。

「難道你認為人命能有兩條嗎？內心真的這麼剛硬嗎？拯救生命的話，　神也會拯救自己的生命不是嗎？」鄭明析先生連連質問。

「夠了！去營帳給我吃飯去！」那位長官這樣說。

「聞著屍體的腐臭我吃不下去！」

「這是戰場！你該不會是第一次上戰場吧！」

無法不悲憫那被殘酷地殺害的俘虜，鄭明析先生流著淚為了他的靈魂向　神禱告。「他拯救我，我也拯救他，雙方都得到了活了下來。當時我若在他身邊，絕對不會讓他死掉。懇求　神看顧他的靈魂！」

現在在鄭明析先生的故鄉中，建設了融於大自然的聖殿，也有石頭造景。那當中樹立起的一塊石頭上，筆勢有力地刻著大字「愛生命吧」。

‖ 圖九　一九六七年越南綏和市，最右邊為鄭明析先生

‖ 圖十　叢林作戰中

‖ 圖十一　戰場上鄭明析先生仍然讀聖經、將體會記錄下來，同僚讀著他所寫的東西

‖ 圖十二　刻著鄭明析先生親筆所寫「愛生命吧」的石頭

第六章
回國後

一九六九年九月，鄭明析先生結束了三年半的軍旅生涯，從越南回來了。從鄭明析先生帶回的俘虜所得的情報使部隊立下戰功，鄭明析先生獲頒花郎武功勳章等六枚勳章。當時只有獲頒勳章的人才可以帶東西回故鄉。很多人都已經弄到了當時昂貴的電視機，打算回國時帶回去，但苦於沒有勳章，所以只能便宜賣掉。回國的前一週，鄭明析先生從同袍那裏買下電視機和收音機，踏上歸途。他提著電視機與收音機，走在能俯瞰到故鄉的山路時，腦中浮現弟弟妹妹們喜悅的模樣。最後果然不出他所料，他們看到電視機非常開心。

當時在石幕里有一間教會。因為月明谷沒有教會，鄭明析先生和家人就去石幕里上教會。媽媽在教會負責敲鐘，是公認的虔誠教友，鄭明析先生也回憶道：「我很喜歡這個鐘的聲音。」清晨響起的鐘聲，對務農的村民而言是構成生活節奏的聲音，對不太會立刻聯想到基督教的人也是如此，教會的鐘相當受到喜愛。鄭明析先生回國後在一九七〇年與教會青年們一起重建教會之前的建物，按照紀錄是一九五〇年代所建。

在重建石幕里的教會時，鄭明析先生捨棄了從越南帶回來的電視機。為了幫教會蓋新建築物，雖然在當地的青年們的協助下，稍微減少了一些施工費用，但實際上仍然不足以蓋出能容納一定人數的建築。雖然也有人提出「既然沒有資金，就蓋小一點吧」這樣的意見，鄭明析先生卻把說是用命換來也不過分的軍餉全數拿出來，籌措建設費用。即使如此還是不夠，他就將高麗人參田拿去抵押貸款、並將從越南帶回來的電視機賣掉，為了蓋教會全數奉獻。鄭明析先生的妹妹蓉子表示，雖然家裡沒有接電線而看不了電視，只要家裡擺著一台電視就很開心，「但再怎麼阻止，哥哥還是為了教會把電視機賣掉，真是恨死他了。」

鄭明析先生當年實際上也曾非常糾結，他回憶道：「雖然腦中那個愛著　神的自己說『把總有一天會生鏽的東西賣掉，如同建造挪亞方舟一般，蓋教會拯救生命吧』，但我一開始很珍惜電視機就裝作沒聽到。」不過「原本會死在越南的這條命得到了拯救，奉獻的錢也好、負債的貸款也好，把電視機賣掉的錢簡直太便宜了，我這樣想了。」

距離石幕里也相當遠的一個叫作珍山的村子中，經營照相館的村民說，自己當時偶然看到鄭明析先生揹著一個比自己身體大上許多的十字架走在陡坡上。「我出聲叫住他『那是什麼啊？』『這是在錦山製造的、要放在新教會的十字架，我正把它搬過去。』因為他這樣講，我很感動，到現在還印象深刻。」建設完成的新教會，用村子的名字取名為石幕教會。現在在教會的某塊石頭上還刻有二十六歲的鄭明析先生與其他參與建設的每個人的名字。因為重建的時候鄭明析先生奉獻了絕大部分的資金，

‖ 圖十三　鄭明析先生度過修道生活的大芚山全景

所以建物一開始是登記在他的名下，後來他將建物捐贈給了村子。

建立石幕教會的一九七〇年，在故鄉附近的珍山發生飛機墜機事故。上空的兩台飛機互相撞擊，導致機組員的遺骸散落在那附近地區，航空公司拿出遺體的搜索獎金來拜託當地人民協助搜尋。找到手腕等軀幹可得到三百萬韓幣，全身則能得到七百萬韓幣。鄭明析先生為了奉獻給教會打算去搜索遺體，　神的話傳到他心中：「找到死掉的屍體也可以拿到三百萬，將活著的死人找回來，我難道不會賜下什麼嗎」、「找到肉體活著但如同死人一般活著的人們，救援他們吧！」他感受到　神這樣說了。因此他停止找尋遺體，下定決心要將　神的話語傳達給人們。

將耶穌基督的教導手寫成傳道的傳單，從家裡徒步走四十到五十公里到大田、茂朱傳道。多的時候一天可以傳道八百人，一年當中等於對上萬人傳達聖經的教導。對聽了他的話之後說想上教會的人，他就建議他們去離自己家裡近的教會。往往直到太陽下山，末班公車也都停駛後，他才花好幾個小時走路回家。

鄭明析先生認為　神的話語有讓人的內心和靈魂都活過來的力量，為了正確體會聖經，有時為了一個部分就禱告五千遍，體會後也在生活中嘗試並確認。讀聖經的次數光是通讀就超過兩千遍，獻上禱告的歲月有二十一年之久。

一九七〇年代中期到後半，鄭明析先生在大芚山中閉關持續禱告。因為在山裡禱告不會被誰責罵，能夠好好深入禱告。大芚山是由幾個相連的山峰所構成，其中有像是老鷹形狀的高聳山峰，鄭明析先生將之取名為「老鷹峰」。在那裡僅有七分之一坪大小的狹小面積，周圍都是數百公尺深的絕壁，不小心掉下去就會喪命。在人無法靠近的那地方，鄭明析先生將之作為禱告的地方，這樣就不會被來往的人干擾，能夠專注禱告。

韓國的冬天氣候相當嚴峻，現在與過去相比，氣溫雖有提升，但首爾溫度還是會降到快零下十五度。大芚山的氣溫比起都市地區更低，低於零下二十度也是家常便飯。在這座極為寒冷的山中禱告，當清晨太陽升起時，陽光與溫暖滲透全身，那喜悅實在難以用言語表達。鄭明析先生喜歡的讚美歌中有這樣的歌：「太陽升起，將一切都更新，在世上行走時，成為光芒。主啊請幫助我，不要蹉跎度日，在世上

‖ 圖十四　一九七二年攝於大屯山

行走時，成為光芒。」邊唱著這首歌，鄭明析先生邊禱告：「我也想成為那空中的太陽，成為能給人們光與喜悅的存在。」

回想大芚山禱告時期，鄭明析先生寫下以下的回憶錄。

耶穌基督在我禱告的時候、還有當我在絕壁上爬上爬下的時候會說：「慢慢來，抓緊岩石，如同抓住我一般。」在我猶豫或是對安全沒有把握的時候，他會說：「絕對不要動。」來提醒我不要動。有時我因為太害怕，無法把腳移開原本所在的石頭，就呼喚耶穌，雙腳發抖，抓著岩石的手因為用力讓指甲都裂開了。老鷹峰上的某棵松樹正下方，就是數百公尺高的斷崖。耶穌說：「我在你背後抱著你，所以不要驚慌。你腳趾抓著岩壁，慢慢地下來。」給予我這樣的感動，終於讓我往下移動。「不要鬆開手，緊貼著岩石，要緊緊抓著來移動。就像這樣，不論何時，在你的內心中，都要緊緊抓著我。」耶穌這樣教導我了。因為是邊實踐邊得到的教

‖ 圖十五　鄭明析先生登上修道期間禱告的山峰

‖ 圖十六　大芚山中禱告的模樣，
地點約位於今七星峰展望臺旁

導，深深烙印在我內心深處。直到如今我仍然按照當時得到的教導來度過生活。

不論下雨或下雪，大芼山龍門谷的岩石絕壁，就如同我的家。修道生活期間，無法訴諸言語的辛苦無止盡地接連而來。如同大芼山的岩石因著風雨數億年的侵蝕而變得光滑一般，我的身軀、想法、魂與靈，都在天的話語和禱告中被侵蝕、打磨。要在岩石絕壁上開出道路很困難，同樣地，要磨練人的內心與行為非常困難。要找到真理更是困難。這樣的生活會持續到幾時？會持續多漫長的歲月呢？神並沒有告訴我，也沒有任何確切的約定。即使有耶穌的引導，這仍然是我必須要自己體會、自己理解來前進的道路。沒有誰能使我停下來，一切左右於自己。若自己不想做就無法持久，即使有誰來拉著我做，若自己討厭，立刻就會放棄。

在白天，我就將太陽當作燈來讀聖經；入夜後，就將星辰點綴的夜空披在自己身上來禱告。也唱讚美歌、藉著月光來讀經。在禱告中體會所讀的內容，時而尋找耶穌。體會到天深刻的心情時，就像是從斷崖絕壁上找到昂貴的寶石一般極其喜悅。餓著肚子時，我用希望果腹。即使肉體衰弱，但精神如同在絕壁長出的夏之松般翠綠，如同秋天夜空的星辰一般澄澈。

（節錄自鄭明析先生的回憶錄《唯有我所走過的道路》）

第七章
上首爾

鄭明析先生在一九七〇年代後半將那之前所體會的　神的話語整理成易懂的圖表，想要製作得更正式而找了專業畫家。為了請對方畫好，一張圖約花一小時說明，畫師應鄭明析先生的要求，花了一年的時間完成了一百二十張圖表。

「將圖表捲起像是大砲一樣揹著，根本像拿新型武器一樣，膽子都大起來了。」鄭明析先生回想道。

那時，社會正興起巨大的變化浪潮。

一九七〇到八〇年代的韓國，基督教爆發性地成長。天主教和基督新教加起來，七〇年代共有三百九十八萬人，八〇年代有八百五十萬人，短短十年間就增加了兩倍。基督教成為了反獨裁、民主化運動的力量來源。鄭明析先生在充滿激情的社會氛圍中思考著「我能做什麼呢」，也為了韓國與世界各國的安定與和平禱告。

那時他做了一個夢，是自己跟耶穌基督面談未來方向的夢。

「耶穌啊，我想要找工作，但我只有國小畢業證書面試，面試都不錄取，在這之前連投遞履歷也被拒收。該怎麼做才能找到工作呢？」

「我帶你到相信我的人那裏，問問看能否給你一份工作吧。」

夢中耶穌帶著鄭明析先生去到各樣的職場，將鄭明析先生託付給經營者們。有耶穌的保薦，鄭明析不論哪個職場都受到歡迎，然而「就算在這裡工作也無法感到滿足耶」這樣的想法每次都浮現腦海，因此每次在決定要不要接受那些工作時他都拒絕了。「耶穌啊，我果然無法在這裡工作。」從最後一個工作辭職時，鄭明析先生這麼說：「請讓我跟隨耶穌，幫忙耶穌吧！」聽了這句話，耶穌從懷中拿出一支筆丟給他，鄭明析先生一接住，筆就漸漸變得巨大。「這是最後的筆，已經沒有筆了。是只屬於我跟你的筆。我怎麼寫，你就跟著我寫吧。」他模仿耶穌在巨大的紙上畫出圓形後，耶穌隨即升天了。從那夢中醒來的鄭明析先生下定了決心，「我要按照耶穌教導的，將　神的話語傳揚到全世界。」因此決定前往聚集著人群的首都首爾。

完成了圖表後，一九七八年四月開始，為了在眾人面前傳達解開聖經的話語而著手製作簡報。待一切都準備好，最後他在山上禱告，出發前只告訴母親一人去首爾的真正原因。一九七八年五月二十三日，目送背著圖表離開故鄉的兒子，母親流下眼淚。眼淚模糊了鄭明析先生眼中母親與弟弟妹妹的身影。動身前往首爾的鄭明析先生單手拿著放著聖經的手提包，另一手提著投影機。十幾張圖表綑成卷軸揹在背上，投影機則是為了放大圖表而準備的。這時身上的錢不過數千韓幣。越戰所得的獎勵報酬都用在蓋故鄉的教會，手邊只剩下這點錢了。

雖然內心忐忑，三十四歲的鄭明析先生的內心卻炙熱地燃燒著。「就像是將軍率領士兵為了將人民從敵人手中救出來而出發時一般，充滿希望和幹勁呢。」鄭明析先生在著作中追憶道。

成為他自信來源的是到當時為止的二十一年的歲月。在這期間，鄭明析先生比起誰都更努力禱告、深入研讀聖經、對人們傳福音。為了生病的人禱告、收留無家可歸的人，與基督同行。透過實際行動來學習怎麼對人們傳達話語、以及如何證道。「至今在寒冷與飢餓中禱告並接受鍛鍊，早就習慣沒有東西吃、沒辦法好好睡覺，因為受到鍛鍊，強化了體質，所以才能有自信的。」

鄭明析先生到達首爾是在一九七八年五月三十一日。自隔天的六月一日才開始傳揚他所體會的聖經話語。

第八章
起初雖然微小

有關鄭明析先生到首爾後，宣教的狀況，在著作、禮拜、證道紀錄中有留下一些紀錄。

往首爾的路上同行的一個青年，帶領鄭明析先生到自己位於首爾的哥哥家。鄭明析先生在那裡攤開圖表教導聖經，青年的家人都表示十分喜悅：「很容易理解，都能聽懂。」鄭明析先生還為發高燒的孩子禱告，禱告後孩子很快就退了燒。青年的大嫂看到這一切感到非常開心：「　神真的存在啊！」於是暫時讓他在那裏留宿。就這樣，得到容身之處的鄭明析先生，一邊徒步在首爾各處移動，遇到願意學習的人就教導話語，遇到生病的人就醫病禱告，如此度過了一段時日。

到後來某天他決定去首爾北方的三角山，那裏有一個禱告院。所謂的禱告院，就是讓為病痛所苦的人、創業的人等各種人去許願的地方。在日本並不常見，但在基督教興盛的韓國是相當常見的機構。鄭明析先生到禱告院後立刻就做了禱告：「請一定要讓我跟應該聽　神話語的人見面。」

當時有因為鄭明析先生禱告而被治癒的人，奉獻了宣教基金作為謝禮。那些奉獻就成為資金，拿來租用首爾南加佐洞的教會。那裡大小約三十坪，可以兼做教會和住處，鄭明析先生就在該處教導聖經話語。

雖然是在房間的一個角落、用抹布拼成一條小小的棉被蓋著睡的簡樸生活。不過，對曾經住在洞穴裏、將岩石當作屋頂和枕頭的鄭明析先生而言：「我把那當成是宮殿來住。」雖然以教會來說狹小又陳舊，但對鄭明析先生而言卻是第一個得到的「教會」。

有了根據地，學習話語的人也

‖ 圖十七　一九八〇年於首爾新村的十字路口拍攝（手提包裡裝了聖經與圖表）

漸漸增加，他真心感謝道：「　神聽見我的禱告了啊。」就在那時候，問題發生了。

那天有兩個年輕人來找鄭明析先生，一聊之下發現兩人是從神學院畢業的。他們說：「因為我們一次也沒有證道過，請你讓我們在這個教會證道。」還說：「我們可以證道，但沒辦法像你一樣醫病，讓我們證道，由你來醫治病人就好。這樣一定會有更多人過來的。」

在故鄉的石幕教會，鄭明析先生因為沒有神學院的學歷，幾乎從未被託付過證道的使命。對他而言，那些他透過禱告與實踐來解開聖經的知識「不是我自己的想法，而是耶穌教導我的。」他擁有這樣的自信。但是因為沒有去念人們所認定的神學院，有些人好不容易來到教會也因為他「連神學院的經歷也沒有啊」而離開。鄭明析先生想，從神學院畢業的兩人身上或許有　神的計畫吧，因此接受了提案。

然而這樣的期待被背叛了。過了不久，兩人私吞教會公款的事情被曝光。他信任他們而把錢交給他們管理，卻被他們私吞，放入自己的口袋。鄭明析先生對他們說：「我無法再跟你們一起經營教會，這是我投入五百萬韓幣建立的教會，你們離開吧。」不過兩人道歉之後，反而將教會整個奪走。「負責證道的是我們，應該離開的是你。」這讓鄭明析先生感到非常衝擊。最後兩人拿了一些錢給他作為條件，鄭明析先生離開了教會。「我一定會建立更大的教會！」他這樣在心中發誓，鄭明析先生離開了「第一個教會」。

此時距離他來到首爾，已經過了兩年。

鄭明析先生重新開始找尋能傳道的根據地。因為手頭的資金剩下不到三十萬韓幣，他跟　神懇求禱告：「請　神賜下能用這些錢租到的房子。」之時，「尋找吧，去尋找就會尋見。」這樣的聲音在內心響起。

他相信只要符合天的內心、合宜地禱告，就一定可以找到。他幾乎跑遍了首爾麻浦區新村的所有房仲公司，看過了五十件、一百件的建物，仍然找不到適合的。還被某個房仲業者說「哪有三十萬韓幣就能租的地方呢！」而大受打擊。另一家房仲業者則說「這樣的物件在首爾是不可能找到的！」並把他們給趕了出去。

即使如此，鄭明析先生還是沒有放棄，「只要去找就可以了，找找看吧！去找就可能會找到的。」某位房仲業務聽到了這對話就說：「這麼說起來，幾天前有個女人說兒子去了美國，現在一個人住。門外有一間大小只能睡覺的房間，想用三十萬韓幣租出去唷。」

鄭明析先生馬上就去看那間房子，是在新村站旁邊、離梨花女子大學很近的物件。但那地方連房間都稱不上，只是古時候屋主從外面回來，察覺狀況有異時不便立刻開門，為讓僕人在門邊稍作停留而建造的，如同日本建築文化中「別屋」一般的地方。

這樣的「別屋」不到一坪，相當狹窄，無法直接供水，必須透過院子裡的幫浦來用水。也沒有廚房，只有在門口屋簷下有能放木炭焚燒的地方。房東是丈夫已經逝世、年約六十歲的女性，因兒子去了美國而過著獨居生活。比起那間別屋雖然另外還有兩間更大一點的房間，但已經各有兩位在夜間餐廳工作的女性居住，一共住了四個人。這間別屋的押金約三十萬，每個月的房租約三萬韓幣。這裡若要當作教會使用，也需要與房東取得共識。鄭明析先生跟房東說明：「我想將這裡當作教會使用，會安安靜靜進行禱告會，目前只傳道了幾個人，但人數增加後就會另外找地方，希望能得到您的諒解。」於是房東說：「隔壁房間住著年輕小姐們，晚上會外出工作，白天都在休息，所以只要白天能保持安靜就可以。」就這樣順利地租下了這個房間。這就是尋找了超過一百五十個物件後終於找到的新「教會」。

在附近的梨花女子大學，其畢業生往往成為各領域的成功人士，是這樣的名校。鄭明析先生常常在那裡的正門口叫住學生：「要不要學習看看聖經呢？」一天就這樣跟數百個學生對話。但因為他的打扮

‖ 圖十八　在首爾新村租借的「別屋」的外觀

也不帥氣，幾乎沒有人好好聽他說話。

梨花女子大學的隔壁有基督教衛理堂。「說不定在那裏會有　神想要我見的人呢。」他這樣想並試著進去，沒想到卻被趕了出來。「他們明明連狗都疼愛有加地牽著走，但對身為人的我卻毫無愛心。」鄭明析先生追憶起當時的狀況時這麼說。雖然暫且是找到了住處與教會，卻沒有那麼簡單就能成功傳道人。

就如同房東太太所說，因為有人睡在隔壁房間，白天幾乎不能大聲進行聖經講義，為此鄭明析先生四處去尋找是否有能放心說話的安靜地方。那時在寺廟的圍牆內打開聖經來講義。和尚們看到這狀況雖然感到錯愕，但也沒有多說什麼。可以說有些諷刺，他明明是被基督教的教會趕出來，卻被佛教的寺廟包容。在那時期，後來共有四個學生會定期去鄭明析先生那裏學習，也有其他不定期去學習的學生。不過房間太狹窄，即使只有四個人也已經相當勉強。而且用押金充抵房租到後來，繳房租的資金來源也沒有著落，最後不得不退租。

將近退租日的前十天，鄭明析先生接到一個人的電話，是在三角山禱告院認識的一個公司經營者，這個人以前在鄭明析先生很窮困的時候有請過他吃飯，是曾幫助過他的人。

「最近過得好嗎？有建立起教會了嗎？」那人以宏亮的聲音問。

鄭明析先生答道：「雖然有傳道了一些人，但空間太狹窄也無法成為教會。」因為那人說想要見面談談，兩人就在新村車站附近的咖啡廳碰了面。他聽了鄭明析先生的遭遇後問：「有多少人呢？」

「四個人，都是學生。」

他聽到鄭明析先生的回答就笑了。「很沒有希望呢，如果傳道有年紀的人，經濟上就能更充裕，年輕人也會增加的。」

「如果有空間就能傳道年長的人，但就連現在這一坪大的房間，也落得十天後必須完全交回屋主的命運。」鄭明析先生說。

聽了這話，那人露出稍微思考的樣子。「我現在有在管理的房子，你暫時住在那裏幫我代為管理如何？雖然因為很老舊，我不認為可以當作教會使用。」他如此提議。

鄭明析先生很快地去看了那棟建物，它位在首爾市的城北區三仙橋，曾經作為「老人之家」使用，是很老舊的建築物。幾乎所有玻璃窗都破了，門和牆壁也斑駁不堪，散發腐敗的臭味，好像立刻就會崩塌一般。但是在鄭明析先生的眼中，這房子之大，在新村租的房間根本無法與之相比，非常吸引他。建物面積有兩百坪，幾乎還可用的大房間也有二、三十個，廚房有鍋爐，也有供水。「可以讓我把這地方

‖ 圖十九　在首爾三仙橋，原本是「老人之家」的建築物外觀

當作教會使用嗎？」鄭明析先生如此拜託，雖然那人本來提議「太老舊了也無法當作教會使用吧？到你搬出租屋處為止可以一邊管理這裡，作為你暫時的住所使用就好如何呢？」但因為鄭明析先生堅定的請託，「那到退租為止，你就自由使用這地方吧。這房子壞掉的話我再幫你介紹別的地方。」那人這麼說之後，交給他備用的修繕費就回去了。

鄭明析先生花了幾天的工夫將房子打掃並收拾乾淨，並思考著「在這裡教導很多人，人數增加之後，在房子壞掉之前趕快搬走吧」，一邊也想著「到什麼時候才能增加到那個地步呢？」之後他日復一日、連休息的時間也沒有地傳達了聖經的教誨。一年過後，人已經塞不下一間房間，多到連大廳或其他房間也滿滿的。

在那之後，隨著人數增加，就換到了稍微更大一點的地方。之前鄭明析先生在新村租不到一坪大的「別屋」教導學生們時，曾被房東還有警察質疑「到底在這裡做什麼？」當時是軍人執政，學生運動、民主化運動蓬勃發展，只要聚集學生就會被高度關注（註釋一）。「我教導聖經的真理，想要建立教會。」這樣回答他們時，他

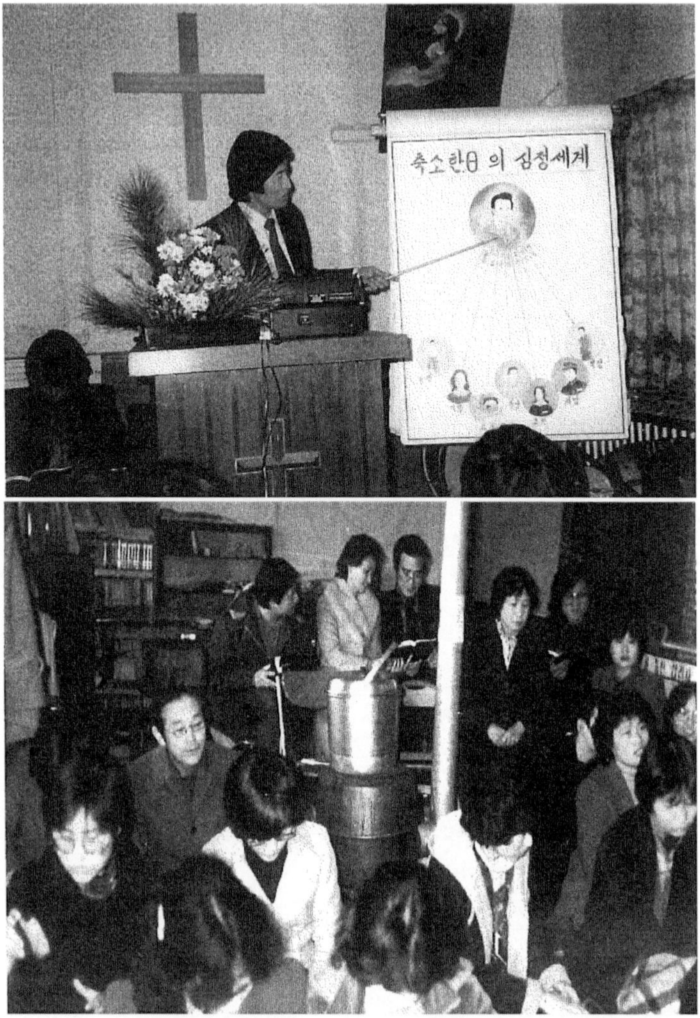

‖ 圖二十　一九八一年，鄭明析先生與學習的人們
於首爾三仙橋建物裡進行解經講義

們就問說「在一坪的房間？」還露出一種覺得很可憐的表情後笑了出來。

鄭明析先生搬到三仙橋的舊建築時，來學習的人們也紛紛說「在這樣的地方能做什麼呢？」那時首爾某教會的牧師也來拜訪過，「在這樣的地方宣教，太可憐了。要讓那些有氣質格調的學生們來這樣窮酸的地方，你不會覺得尷尬嗎？」那位牧師如此嘲笑他。即使如此，鄭明析先生當時仍然感謝賜下環境的　神並一邊進行宣教。當人數增加就換地方、再增加的話就再換。這樣一點一點前進，即使很微小而無法得到人的理解，仍唯有與　神一起走過這道路。「所謂的歷史，就是起初像小孩子遊戲般從微弱的地方開始，逐漸茁壯起來、最後變得興盛昌大。」鄭明析先生後來這麼說，「就如同從山深處湧流出的細細水流，流向溪谷，不久便流成小溪，變成小河，再變成大河，最後到達大海一般。」

註釋

一　當時政府已發佈禁止晚上外出的宵禁，全國都處在各種規定和監視都很嚴格的狀況中。

‖ 圖二十一　八〇年代前半，在首爾永東地區，鄭明析先生拿鐵鎚正製作教會的講臺

‖ 圖二十二　一九八六年，首爾舊基洞教會內的聚會盛況

第九章
作為　神與人之間的橋樑

從一九八〇年代前半開始到後半，鄭明析先生的教導主要受到大學生等年輕族群的支持而逐漸傳揚開來，教會的規模也隨之不斷擴大。早晨時他時常在漢江的河岸邊證道，也與青年們一起慢跑和踢足球。在那之後他會和一些還可以一起行動的人前往澡堂洗澡，邊浸在浴池裡，邊談論關於　神的各樣話題——這就是鄭明析先生那段時期每天的例行公事。為了向人們傳講福音，不論人數是一人或是十人，他都會

|| 圖二十三　一九八九年在首爾落星垈的教會拍攝。在這個時期，福音宣教會已於首爾建立起數個教會，在韓國的各大行政區也有設立教會

傳達聖經當中的教導，並且也會打電話傳達教導給不太能前去教會的人。如果被人邀約的話，他也會前往大學或大型聚會進行演講。鄭明析先生關於聖經的講義透過口碑迅速傳播到韓國全國，各個地方的教友也陸續建立該地方的教會。於是鄭明析先生也開始巡迴全國，造訪各地的教會。

這個時期教會也開始舉辦各種非宣教型活動。鄭明析先生總是說：「學問是學習而來的，真理卻不是學習來的，是需要體會的。即使已經體會了，也不會馬上變成自己的東西。唯有透過實踐才能讓真理成為自己的東西。所以說體會的人比學習的人更偉大，而實踐的人比體會的人更偉大。」基於這樣的理念，教會也開始進行志工活動、地方交流會、各樣救助活動和醫療服務。此外也為了實現讓大家能發揮特質和才能，並藉此促進世界和平的目的，教會也頻繁地開始推動藝術和體育等文化交流活動。

一九八〇年代中期起，攝理教會開始走出韓國，開始在外國宣教。自一九八五年起也有傳教士來到日本傳達鄭明析牧師的教導，隨後一九九〇年在東京建立起一

圖二十四　一九九〇年於首爾老鷹（보라매）公園拍攝。早晨禮拜結束後，會員正一起做運動前的熱身運動

圖二十五　一九九三年於首爾漢江河堤拍攝：禮拜與運動

間小教會。

鄭明析先生在一九九一年夏天應日本教會邀約，進行了第一次訪日。這對他而言也是第一次的海外訪問。

雖然日本方有為他這次的訪問預備汽車作為交通工具，但他還是和會員們一起搭乘巴士四處移動。在車內和會員自由地彼此對話，會員也會毫無顧慮地向他詢問一些自己想問的問題，比如說：「老師是怎麼體會到來自　神的真理的呢」、「如果無法集中精神禱告的話該怎麼辦呢」、「世界是怎麼形成的呢？我想要體會宇宙中的真理」等等。

鄭明析先生一邊聽翻譯官念出那些問題，一邊逐一回答，並笑著說：「應該要從跟自己相關的問題開始發問才會聽到自己想聽的內容吧！」某位日本人看到這樣的場景，有感而發說：「牧師就好像好好照顧學生的小學老師，也好像溫柔的父親一樣。」

在日本停留期間，鄭明析先生居住在埼玉縣的租房處。一抵達日本隔天，就開始各式各樣令人眼花撩亂的行程，不僅在棒球場和日本的人們一起打棒球、排球，也參加歡迎會和演講，還訪問教會。甚至回到住宿處時，還接待那些白天因為工作無法參與活動的社會人士，並繼續與他們暢談。由於要擠出造訪日本的時間，所以鄭明析先生在韓國就已經十分忙碌，因此疲勞也到達潰堤的邊緣。

有一位日本會員直到如今都還清楚地記得當時和鄭明析先生進行個人對話時的場景。這位會員向宣教士委託：「希望能和老師（鄭明析先生）進行一次私人的對話。」並等待輪到自己的時段。不料鄭明析先生的身體狀況突然變差，宣教士對他說：「我覺得今天可能沒辦法進行了。」他感到失望並抗議：「為什麼輪到我時就停止見面了呢？我一直都很努力，結果還無法被分配到時間見上一面，這實在太不公平了！」

那時宣教士突然回來，然後對我說：「老師剛剛說可以見面，你過來吧。」於是我便上前去。當我進入老師的房間裡，就看見老師正吊著點滴，無力地躺在床上。不僅如此，臉上全無血色，一看就知道狀況非常不好。我對自己任性地說只有自己見不到面真不公平這點感到慚愧，所以只敢小聲地打招呼。老師聽見我的聲音後睜開眼睛想要坐起來，但因為自己沒辦法做到，所以得仰賴別人的支撐才好不容易坐了起來。

於是那位會員心想：「趕緊說完然後離開吧。」便加速把話說完。沒想到鄭明析先生嘗試把手放在他頭上要為他禱告，無奈手臂抬不起來，只能往後摔在椅子上。回憶起當時鄭明析先生即使在別人的扶持下依然為自己長時間禱告的樣子，那位會員說：「雖然我對老師感到很抱歉，但當時我透過老師感受到　神的愛。而且老師為我禱告的內容也為我解答了先前的疑問。」

自一九九九年起鄭明析先生便離開韓國，前往曾宣教不甚順利的國家進行巡迴，也舉辦了各式各樣的活動。即使歐洲大多數都是基督教國家，歐洲的年輕人與信仰的距離卻愈來愈遠。當時鄭明析先生造訪歐洲各國，透過足球大會和派對與當

‖ 圖二十六　運動後發放點心是當時鄭明析先生的例行公事

‖ 圖二十七　一九九〇年代前半於鄭明析先生的故鄉拍攝

地的人們進行交流，如果有機會的話也藉機和他們討論關於信仰的事。

有一次鄭明析先生在德國時舉辦了導覽，不僅包車前往溪谷帶大家一起散步，也一起進行古堡巡禮。聽說當一行人走到視野遼闊、風景優美的地方時，他就高聲向參加導覽的人說：「讓我們向創造這樣美妙環境的　神獻上感謝吧！」並一起唱讚美歌。當時一位一起參與行程的人說：「　神真的很厲害呢！」鄭明析先生便開心地微笑，說了以下這段話。

「擁有那樣感謝的內心非常重要。明明　神已經最完善地創造了這個美妙的世界，居住在其中的我們如果不感謝的話，就好像忘記了最重要的事啊。這就好比說，有人建了一座寬廣的公園，並讓人免費入園參觀。難道我們愉快地參觀完要回家時不會向他說聲謝謝嗎？就像這樣，　神已經為了讓人類能夠使用而創造了地球，我們能帶著感謝的內心，並完善地使用，不也是很不錯嗎？」

那位參加者事後感嘆：「牧師的話十分容易理解，即使事後回想起來還是覺得十分深刻啊。」就像上述的故事一般，不論鄭明析先生前往何處，他連結起　神與人、國家與國家、人與人之間的關係，是宛如橋樑般的存在。

※以下則以年表的方式呈現鄭明析先生與福音宣教會的路程。

《基督教福音宣教會與其前身的沿革》

一九七八年六月　鄭明析牧師開始在首爾宣教

一九八二年三月　創立韓國大學生宣教會

一九八三年四月　展開地方宣教（在韓國依次建立各個地方分會）

一九八三年十二月　加入基督教大韓監理會（衛理宗）

一九九〇年九月　設置神學院，進行第一期神學生開學典禮

一九九一年　開始建設月明洞自然聖殿

一九九二年五月　舉辦韓國大學生宣教會十週年紀念大會

一九九九年八月　創立國際文化藝術和平協會（GACP）

一九九九年十月　創立基督教福音宣教會（CGM）
二〇〇一年二月　CGM志工團體協議會開始進行活動
二〇一七年五月　開辦CGM實踐神學

《世界宣教的進程》

一九八五年起　日本
一九八八年起　臺灣、美國
一九八九年起　香港、德國
一九九〇年起　法國
一九九一年起　澳洲、英國

在此之後，福音宣教會也依次在各國宣教，目前（二〇一八年）在六十多個國家皆有不少會員。

‖ 圖二十八　二〇〇二年於大田世足賽球場拍攝：
國際和平足球大會

‖ 圖二十九　二〇一七年於鄭明析先生的故鄉拍攝：
夏季靈修會的樣貌

第十章
困難與迫害

「當光線愈明亮時，黑影也會愈加深沉」是歌德的《格茨．馮．貝利欣根》這部戲曲中的一句台詞。隨著當時對外活動的順利推展，許多人也接受鄭明析先生對於聖經的教導，於是到了一九九八年基督教福音宣教會便已經有超過十萬名會員。自然而然地，外界對福音宣教會的關注更為提高，此時也開始出現覺得福音宣教會無趣的人，以及想要利用福音宣教會的人。

最初讓福音宣教會蒙上負面形象的是一則關於一位女性的報導。這起事件發生於一九九九年。當天一位女性隨著福音宣教會會員一起搭車前往鄭明析牧師故鄉，突然間她要求下車並跑出車外。當時一起乘車的會員受到驚嚇，但因為顧慮到她的安危仍然追上去將她帶回了車上。之後那位女性的友人便向警方報案，還供稱說「她被綁架了」。

據福音宣教會表示，這位女性曾是該會的會員。雖然當時沒有參與宣教會的活動，但仍維持和其他會員間的友誼。據說當她的父親替人作保而喪盡家產時，宣教會的會員曾積極給予幫助。事件發生當天，她打了一通電話給一位宣教會會員說：

「我想和你見面，希望你能過來。」於是這位會員便前去拜訪，對話中聊到「一起去鄭牧師的故鄉走走散散心吧」。後來事件就在途中發生。至今宣教會仍不明白為何她會突然採取這樣的行動，不過她事後更提出火上加油的言論。在報導中她對媒體說：「鄭明析牧師曾教導說地球會在一九九九年時毀滅。」然而查看福音宣教會的教義後，發現其中完全沒有「地球會在一九九九年時毀滅」這樣的內容。

由於發生了這樣的事情，鄭明析先生一九九九年開始前往歐洲等海外各國進行活動時，韓國的各個媒體公司也將這樣的行為呈現為「海外流亡」。正在這樣的時刻，數名已經離開宣教會的女性紛紛對鄭明析先生提起民事及刑事訴訟，意圖將其出國呈現成是為了迴避這些訴訟。事實上鄭明析先生曾於二〇〇一年短暫回韓國接受調查，並被判定「沒有嫌疑」後再次出國。縱然如此，這一連串的騷動並未平息。由於鄭明析先生為了宣教在世界各地移動，韓國警方害怕無法掌握其位置，就託國際刑警組織（ICPO）發出國際通緝令，並開始搜索鄭明析先生的下落。因此韓國媒體的報導更口徑一致地將其呈現為海外流亡。

有一次，鄭明析先生與海外的人們相談甚歡時，數名男性持相機突然闖入，當下鄭明析先生為了保護被突發事件嚇到的人們，而伸手用力地將相機推開。事後在報導中，這樣的畫面卻被剪輯成彷彿鄭明析先生正在對攝影者施暴的樣子。

當時傳聞說鄭明析先生「每天都度過被女性包圍的海外生活」，但這與他實際的生活卻是大相逕庭。這個時期的鄭明析先生正針對耶穌透過十字架達成的救援進行考察，執筆撰寫「救援論」及其他的著作。此外，他也會提前錄下清晨禮拜要使用的證道影片並發送給各國，可見當時鄭明析先生已經忙碌得席不暇暖。

當鄭明析先生正在義大利宣教時，一位日本人曾前去造訪其在米蘭郊外的租屋處，看見了堆積如山的著作原稿。由於原稿的高度有一公尺以上，他憶起當時的場景說：「我想說這當中應該還有白紙所以就翻閱看看，沒想到令人驚訝的是每張紙都寫滿了字！」

二〇〇〇年時突然有一位日本女性在韓國提起民事訴訟。這位女性約在一九九五年曾在日本的福音宣教會學習過聖經相關的教導，且約有五年的會籍紀錄。一九九九七年時她曾在韓國的釜山主張被鄭明析先生強制猥褻。然而真正提起訴訟是在二〇〇〇年以後，因為她說：「我剛解除洗腦狀態，所以現在才提出。」雖然一開始這位女性想和其他幾位韓國人一起提起刑事訴訟，但被法院拒絕受理，於是她才轉而提起民事訴訟。訴訟結果是法院認定一部分的主張，並判處鄭明析先生須支付她賠償金。

事實上，有一個名為Exodus的團體一直將福音宣教會當作敵手。當時這位女性正跟其中的韓裔幹部交往，並在官司後跟他結婚了。根據曾經與她有深交的人表示：「她曾經在父母的應允下被那個反對團體軟禁，自那之後她便開始到處詆毀福音宣教會。」在該起民事訴訟後，她便以「日本被害者」的身分開始上韓國的電視節目，也在日本召開記者會，甚至她的主張還被刊載於週刊雜誌上。最讓人匪夷所思的是，整起民事訴訟都是在鄭明析先生不在場的情況下進行。

此外，隨著福音宣教會傳道愈來愈多大學生等年輕族群，傳統基督教界感受到信徒正在流失、被奪去，其中稱宣教會為「異端」的聲音也變得更為強烈。

福音宣教會在日本的活動也開始逐漸受到影響。在日本，一般提到韓國的宗教的話，就會聯想到因為金錢糾紛而受到社會注目的統一教（現名世界和平統一家庭聯合會），而福音宣教會也被媒體報導成彷彿統一教分支的團體。殊不知統一教主要傳授原理講論的內容，而福音宣教會則是傳達以聖經為本的教導，雙方的教義差異明顯。更何況雙方也都表明「彼此間並無任何關係」。

不僅這層誤解，後來也因為奧姆真理教在一九九五年引起的地鐵沙林毒氣事件，「新興宗教很可怕」這種印象更根植於日本大眾的心中。據說有一位日本會員因為考慮到這樣的社會風氣很難推展宣教，而和鄭明析先生諮詢對策，鄭明析先生回答：「要正確地教導聖經。因為不知道所以會被騙，甚至因此跑向不正常的領域。不能過度沉浸於信仰中。就好比水雖然非常必要，但要是落入水中出不來就會溺死一樣，即使擁有信仰，也不能過度沉溺其中。大家進入這個信仰是為了能在上課、上班、度過正常的日常生活之餘，還可以懷抱更高的理想並因此能度過更好的生活。　神不會希望各位正常的生活崩壞，所以你要教導大家正常是最重要的。」

根據那位會員表示，按照鄭明析先生的那番話繼續發展後，不知不覺間日本人對信仰的誤解也逐漸冰釋，接受這個信仰的人數也愈來愈多。

第十一章
法庭論辯的歷程

二〇〇八年三月起，對鄭明析先生進行的審判在首爾中央地方法院進行。首爾中央地方法院位於首爾特別市瑞草區，其地位相當於東京地方法院。鄭明析先生在中國曾被拘禁，但因無犯罪嫌疑而獲釋。不過被遣返回韓國後，他又再次面對刑事調查，關於這部分的仔細脈絡將在後文中陳述。

審判長宣佈審判開始進行，檢察官念出即將在庭上進行答辯的相關罪嫌。內容是鄭明析先生曾在中國對多名韓國女性信徒施行性侵害。隨後審判長要求鄭明析先生的辯護人發言。

「一切對鄭明析牧師犯下上述罪行的指控並非事實。」

辯護人的這句話為往後的法庭論辯揭開序幕，而論辯期間持續到二〇〇九年四月。這一連串官司的源頭得回溯到鄭明析先生積極進行海外宣教的一九九九年。前一章提及反對福音宣教會的團體Exodus（以下稱反對團體）首先聲稱：「有許多女性信徒蒙受鄭明析牧師的性侵害」，於是韓國的某電視台（S電視台）便將其內容製作成報導。S電視台囫圇吞棗地將反對團體的主張化為報導，之後也因此被福音宣教會控訴，最後也被法庭命令須進行損害賠償，這部分將在後面更詳細陳述。即使如此，反對團體卻趁報導之勢開始主張：「這些性侵害是在外國發生的。」二〇〇八年刑事法庭受理的就是這些公認「犯罪現場在外國」的侵害案件。

一般而言，刑事案件時會先查驗嫌疑是否成立，如果嫌疑屬實的話會再查看是否有惡意，最後再根據提交到庭上的證據進行審理。當被告承認罪嫌時，檢察機關就會以他的口供為準，蒐集相符的證據並提交至庭上。法庭審理時也會特別重視「暴露秘密」。所謂的「暴露秘密」，就是指從被告的口供中得知如隱藏凶器的位置這種只有實際犯罪者才知道的資訊的狀況。反之，當被告主張自己無罪時，庭上會要求被告或他的代理人／律師及針對嫌疑蒐證的檢察官提出各自的證據，並由法官進行最後的裁決。鄭明析先生的官司便屬於後者。

第二次審判之後，檢察方與辯護方以嫌疑內容的事實認定為中心，正式展開了激烈的論辯。因為發生嫌疑的現場全都在國外，韓國警方無法充分進行現場蒐證，所以檢方當時提不出足以證明犯罪事實的確切「物證」，而是以現場關係人的證詞作為狀況證據，向法官訴求應成立鄭明析牧師有罪的「心證」。

當時檢方所提出的證據有：受害女性的證詞，以及刊登在兩本日本週刊的文章內容。後來被採用為證據的週刊是《週刊POST》與《週刊文春》，且文章的內容為鄭明析先生濫用宗教團體教主之地位，逼迫信徒中的女學生和其發生性關係。

值得注意的是，在日本的法庭上根本不會採用以照片為主的週刊雜誌的文章作為證據，更遑論讓這樣的文章影響司法判決。在日本的法庭上消息來源不明確的證據會被排除，只會以經過嚴格手續蒐集且來源明確的證據為準，進行事實認定。此外，兩本週刊的資訊來源都是反對團體，且在文章中登場的前女學生當中，也包含了反對團體幹部的配偶。

在多少了解日本刑事司法制度的人眼中，「採用《週刊文春》文章為證據」可以說令人難以置信。然而在隨後高等法院的二審中，法官將《週刊文春》描述成「有權威性的出版品文春」，可見其認定日本週刊報導具有可信度。

對於上述這些證據，辯護方反駁道「皆無事實根據」並開始提出反論。因兩位自稱受到性侵害的女子提告，鄭明析先生在二〇〇七年五月在中國被拘留。然而中國當局追查後，以「沒有嫌疑」結案，於是鄭明析先生並未經歷中國的刑事審判，在二〇〇八年二月二十日便被送回韓國。辯護方指出這點並主張「中國公安花了長達十個月追查並判斷沒有嫌疑這點，就是犯罪事實並不成立的最大證據。」

此外，辯護方從醫院取得的診斷書指出，被害人身上並沒有被侵犯的痕跡，中國公安當局也是根據診斷書而判斷這與罪行並沒有直接的關係。接著辯護方也指出被採用為證據的兩本日本週刊雜誌只刊載反對團體的主張，對其是否可成為證據提出疑問並反駁：「以猥褻照和八卦報導為題材的週刊雜誌不足以當作證據。」由於認為鄭明析先生經過中國公安調查後，「沒有嫌疑」的事實十分有說服力，宣教會憶起當時在審判進行期間，認為庭上會正確地了解事實並宣判無罪的心態，說：「當時我們懷抱著一絲期待。」其實從檢方作為證據成立基礎的被害女性證詞當中也可以看見破綻。

兩位韓國女性證人提出的控訴是，她們在二〇〇六年四月三日曾於中國鞍山市受到鄭明析先生的性侵害。然而，四月三日的兩日後，其中一位女性在鞍山市中央病院檢查後的結果卻是「並無受到性侵的跡象」。當時為這位女性擔任口譯的公安負責人也在事後對前來取材的媒體表示「醫師確實是說沒有任何異常」。這位女性又在三日後的四月八日，去韓國的警察醫院要求檢查，還是得出「處女膜完全無損傷」的結果。然而兩天過後的四月十日再次接受檢查的結果卻是「處女膜有輕微的受傷」。即使如此，負責檢查的醫師在法庭上卻也這樣陳述：「這是即使騎腳踏車也會產生的傷口」，且醫生當時並沒有拍攝受傷部位的照片。

矛盾的是，兩位女性在十八日依然召開記者會，對眾多媒體控訴：「我們當時受到嚴重到根本連走路都有困難的傷害」。然而鄭明析先生的律師確認過所謂的事發當天的監視器後發現，在兩位女性主張受到性侵的當天那個時刻之後不久，兩人不僅臉上帶著微笑，還能像平常一樣走路。

於是其中一位女性，在案件審理期間與母親一同到法院說了以下的話，想撤銷告訴：

事實上我並沒有遭受性侵害，另一個女生也沒有。我們是在告發者的指使下說謊提告的，到目前為止所做的都是偽證。

即使如此，宣教會的憂慮仍無止盡。

其中一個原因是，關於鄭明析先生的醜聞報導眾多，恐怕對法官的心證會造成影響。就算日後誤報的事得以明朗、就算開庭當下仍有持續主張法律正當性的傳媒，報導仍會在視聽者腦中留下強烈的負面印象。

另一個原因則是，在審理本案的法官中包括有數名將宣教會視為異端的韓國傳統基督教派長老。根據韓國統計廳於二〇〇五年的調查，新教與舊教等韓國傳統基督教派之信徒人數，共占總人口的三成。國會議員中也有許多牧師及長老，其中擔任代表等重要職務者也能與總統直接會面，在政治界、經濟界甚至司法界有相當龐大的影響力。

事態的走向印證了上述憂慮。開庭時辯護方要求採納中國醫院的診斷書作為證據，但檢方主張「診斷書的取得並非經由正式的外交手續」，法院因此不採納作為證據。

最終，宣教會的憂慮成真了。二〇〇九年二月，歷時將近一年，由高等法院下達宣判終結本案。「被告人請往前。」法官對被催促而站上證詞臺的鄭明析先生，以沙啞的聲音說：「被告人處十年徒刑。」

法官繼續宣讀判決理由。

「並沒有足以證實嫌疑的物證」、「然而被害女性的證詞及日本週刊雜誌的報導足以採信」、「鄭明析牧師因身為宗教指導者，在面對被害之女信徒處於權力不對等的優勢」、「根據以上理由，認定鄭明析牧師確實對女性施暴。」

由上述內容可見，在缺乏物證的情況下，法官已經先入為主地認為檢察官提出的證據及被害女性的證詞更值得信任。

法官當時如此陳述：「證據的有無並非問題所在。問題在於被告是異端宗教的首領，所以女性信徒確實很難違抗其要求。」

筆者的記憶中還有當時法官的這麼一句話：「如果是一般上班族，就會判處無罪了啊。」

判決後法官詢問沉默且專心地聆聽判決的鄭明析先生：「你最後還有什麼話要說嗎？」鄭明析先生在向法官行禮退庭前留下了以下的答覆：

「審判長，即使發生了這一切，我仍想感謝您接納了那些女性們的主張。小時候我和我妹妹吵架時，即使錯在妹妹，我母親仍袒護我妹妹。我記得當時產生了疏離感。然而，我今天總算是理解了那份即使妹妹有錯、但仍得有人站在妹妹那側並守護她的父母心。雖然今天的判決與我的期待有所出入，但我覺得審判長站在像我母親的立場保護著這些女性，所以想要向您道謝。」

同年四月，相當於日本最高法院的大法院在判決時表明：「（二審）法官已經根據心證而做出判斷。」如此支持二審的判決並駁回宣教會提出的上訴。鄭明析先生的十年徒刑判決就此成定局。

當時在日本，就連全國發行的朝日新聞都在社會版的角落刊登了〈確定判處十年徒刑〉的小篇幅報導，而內容被當作證據採用的兩家週刊反而沒有刊載任何消息。就這樣，鄭明析先生展開了長約十年的獄中生活。

下達判決三年後的二〇一二年春天，重新審視這起判決的機會來到，如此呼籲的聲音以韓國媒體為中心在各個方面傳開。其實自鄭明析先生入獄後，反對團體仍陸續提出牽強的告訴。以二〇一二年為例，退會者就提起多達數十件的告訴和舉發。不過隨著檢察院依序判斷「沒有嫌疑」後，也開始有媒體懷疑對鄭明析先生的判決是否客觀。

韓國經濟雜誌*News Maker*首先開了第一槍，提出「這並非根據證據裁判原則作出的正當司法判斷」。而接著，「與事實不符的片面判決」（*News Enjoy*）、「基於法官的自由心證而下達的判決」（《政經News》）等意見也相繼出現。司法相關人士中，有韓國高等法院首席法官提出了這樣的看法：「法律理應合宜地用於所有案件，這起判決卻不合乎法度。」也有人詢問另一位韓國法官關於鄭明析先生一連串官司的意見，該位法官甚至評論：「根本是韓國司法界的恥辱。」

‖ 資料一　《朝鮮日報》二〇〇三年二月十三日

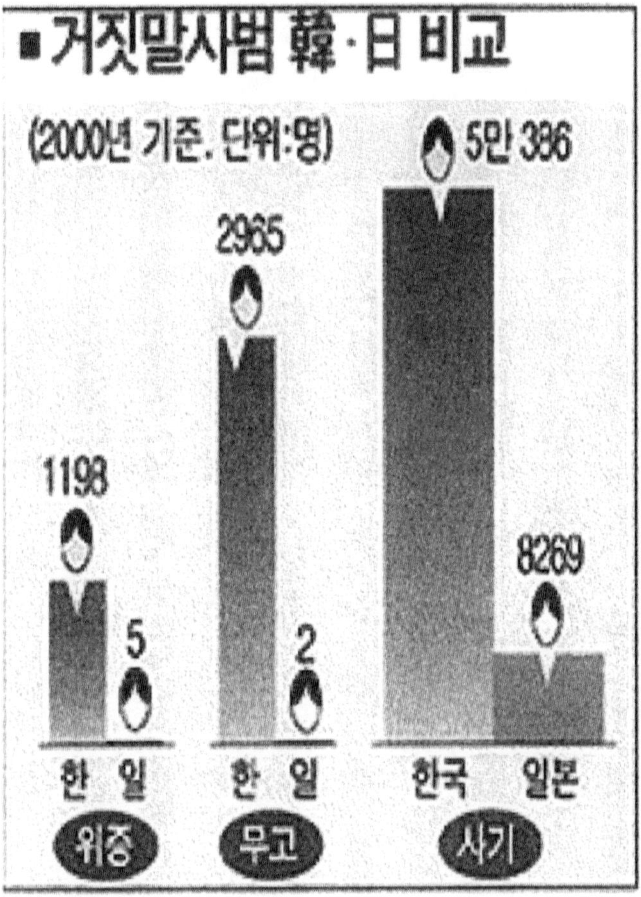

謊言犯罪者 韓日比較（以二〇〇〇年為準，單位：人）
〈偽證〉：韓國1198；日本5
〈冤案〉：韓國2965；日本2
〈詐欺〉：韓國5萬386；日本8269

‖ 資料二　《政經NEWS》二〇一二年十二月刊

JMS鄭明析總裁事件，全部以無嫌疑結案

大眾媒體的如此態度簡直與審判當時的報導完全相反。媒體紛紛對當時為何充斥著證據不充分的報導抱有疑問，其中新聞重視獨家報導、快捷性、獨特性的這種「企業體質」也是造成這樣現象的間接原因。

整起事件的開端是前文提及的S電視臺（以下稱S臺）在一九九九年依照反對團體的主張所製作的節目。法院於二〇〇五年曾勸誡S臺：「不要報導反對團體釋出的資訊」，於二〇一〇年相當於最高法院的大法院也以「缺乏根據的報導使宣教會名譽受損」為由，命令S臺支付賠償金九千萬韓幣。然而一九九九年那時，由於法院尚未下達此等判決，從S臺的報導開始，各家新聞媒體爭先恐後地報導這種容易吸引閱聽大眾目光的女性性被害嫌疑事件。在這狀況下，許多毫無根據的報導也開始猖獗。TV朝鮮在針對二〇一四年播放的節目之道歉文中陳述：「這是製作團隊的疏失。我們並未完善地進行內容核實，並引用來自對其他傳媒公司的不實報導，才釀成如此錯誤。」由此可見，各家媒體不經查證便「直接引用其他媒體」進行報導，因而量產出錯誤報導。反對團體之所以能不斷提供無根據的資訊也正是因

‖ 資料三

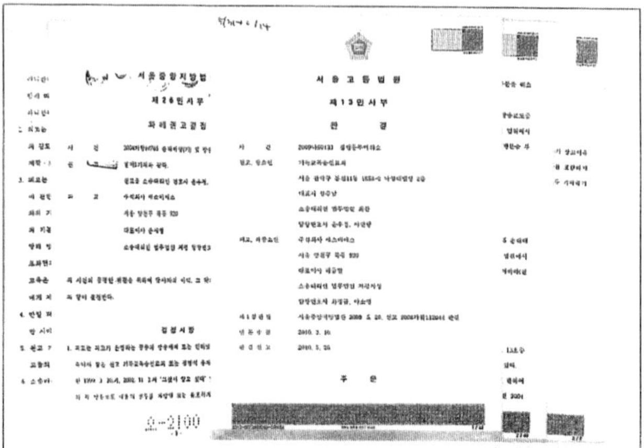

JMS사건을 사회문제로 부각시킨 방송보도는 법원의 화해권고결정(2005년 8월 2일)과 손해배상판결(2010년 5월 26일)을 받았다.

將JMS事件作為社會問題報導的媒體收到法院的和解勸告決定書與損害賠償判決書

‖ 資料四　《政經NEWS》二〇一七年九月刊

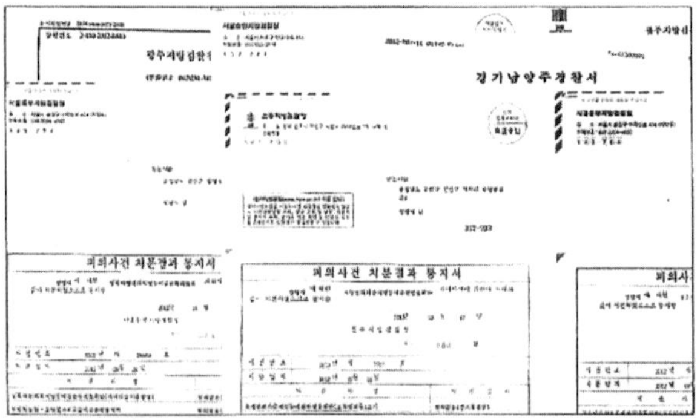

2012년 정 총재 관련 10여 건의 수사를 모두 무혐의로 종결한 결정 통보서

二〇一二年關於鄭明析先生的十多件調查全部以無嫌疑結案之決定通知書

應媒體這樣的需求。

大眾媒體也在整起事件中將控訴自己遭害的女性拱上檯面，醞釀出「必須要拯救可憐的被害女性」的氛圍。《政經NEWS》對此分析道：「以保護被害者為名目，卻反而造成更多被害者（宣教會和其會員）的諷刺情形。」

宣判監禁十年的當時，鄭明析先生如此祈禱：「若敵視、憎恨我的人們餓了，請　神賜給他們食物。若穿不暖，請賜給他們衣物。若缺乏居所，請賜給他們能安歇的地方。無論受到任何的危害，我會堅持忍耐，繼續做神的事工。」

聽聞鄭明析先生將要入獄長達十年，會員們都極度悲痛。然而誰也沒想到，鄭明析先生自那時起也在獄中日復一日地迎向新的挑戰。

|| 資料五

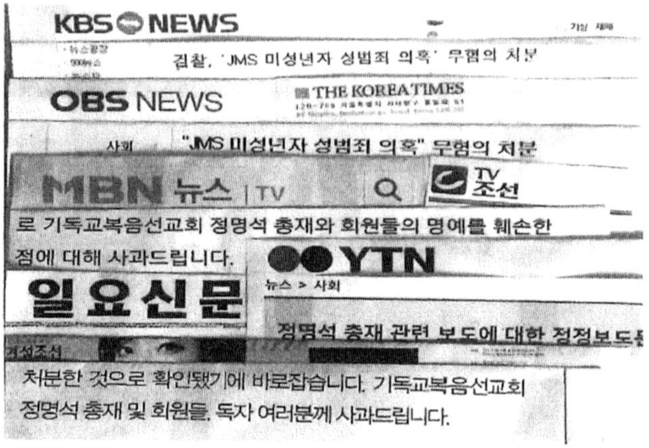

사진은 언론들이 진실을 밝힌 자료. 2012년 이후 여성조선, MBN, YTN, TV조선, 코리아타임즈 외 다수 언론사로부터 받은 사과와 정정보도문 및 KBS, OBS 등의 무혐의처분 보도.

KBS NEWS「檢查後，『JMS對未成年者性犯罪疑慮』無嫌疑結案」

OBS NEWS「『JMS對未成年者性犯罪疑慮』無嫌疑結案」

MBS新聞「在此為毀損基督教福音宣教會鄭明析總裁與諸位會員的名譽此事道歉」

YTN「在此發表關於鄭明析總裁相關報導的訂正」

ILYO新聞「無嫌疑處分已經確認，在此進行訂正，並向基督教福音宣教會鄭明析總裁與諸位會員、各位讀者道歉。」

這張照片是各個媒體進行的訂正報導。二〇一二年以後，《女性朝鮮》、*MBN*、*YTN*、《TV朝鮮》、*KOREAN TIMES*和其他許多媒體刊載道歉與訂正報導，*KBS*和*OBS*等媒體則是報導「無嫌疑」。

（內容翻譯自上圖）

第十二章
希望之光

鄭明析先生的牢房是不滿一坪的密閉空間。他只能在這唯有四堵高牆的地方忍耐著夏天高達攝氏四十度的高溫，以及冬天低至零下的酷寒。

不僅自由受到限制、被異樣眼光看待，他還得與一群因為犯下各樣罪行而入獄的暴徒一起生活。但即使處於這樣艱苦的狀況中，鄭明析先生並未終日悲傷、哀嘆。他在獄中不是寫禮拜證道的稿子並將其寄出，就是透過信件與會員往來，甚至執筆寫下許多著作。

過去鄭明析先生在中國被公安囚禁十個月時，也曾遭遇類似的狀況。當時鄭明析先生在言語不通的環境中，對當下的狀況並不十分清楚，甚至對自己能否活著回國也是全無頭緒。縱然如此鄭明析先生還是持續專注於禱告。只是每當腦中浮現神的話語及各樣的體會時，卻因那裏連一張紙、一枝筆都沒有，而無法記錄下來。

當時他心想「明明只要有紙筆就能寫下來了啊……真可惜」，心中傳來一個令人感動的聲音：「以腦全部背下來吧！」順從那個聲音的指示，鄭明析先生心想：「將來能寫下來的時候再寫吧。」然後竭盡全力地記住　神的話語和體會，直到全都刻在腦中為止。而今即使環境的現實狀況十分惡劣，至少還有紙筆可以隨己意寫下自己的體會和話語。鄭明析先生只要想著這點，再回顧那樣艱辛的過往，還是能打從心底獻上感謝。

不僅如此，從一個小故事就可以看出鄭明析先生多麼看重將　神的話語記錄下來並傳達給人們這件事。當時審判正在進行中，鄭明析先生與辯護律師進行面會時卻完全將審判的事擱在一邊，並笑容滿面地向律師展現自己的手稿說：「這是我昨天剛寫下來的禮拜證道稿，你要不要讀讀看啊？」律師事後說：「一般來說大家都會拚死拚活地纏著律師說『律師、請務必要幫我啊』，我當時真的非常驚訝。」

在獄中的鄭明析先生甚至在一封寄給會員們的信中寫下這樣一段文字：「我總是將監獄想成天國一般度過生活。」不過鄭明析先生在達到這樣的境界前也曾有過一段痛苦的掙扎。

據說被宣判十年刑期後，當鄭明析先生進入四周被水泥牆圍住的一坪空間時，他的哀痛便潰堤了，甚至不覺間從口中說出「　神啊……祢還愛著我嗎？」此話出口後，鄭明析先生立刻感到胸口窒塞，眼淚滑落臉頰。因為說出口的那瞬間，他便椎心刺骨地感受到　神有多麼愛著自己。據說他因為自己那一瞬間對　神的愛感到懷疑而感到十分羞愧與歉疚，於是淚水不住地湧出眼眶。鄭明析先生後來將當時的感受寫成「我很幸福」這首詩並譜成歌曲，以下是一部分的內容：「幸福到底是什麼？如果不是永遠的幸福，根本稱不上幸福啊。所謂的永遠的幸福就是愛著　神也為　神所愛的那份喜悅啊。」

大部分在獄中的時間，鄭明析先生都在禱告與執筆寫書，因此在這樣不滿一坪的房間裡誕生了許多著作。自二〇〇八年入獄後，從曾在韓國成為暢銷書的《詩的女人》起，共出版了六十三本書，內容有箴言集、證道集等等。若加上已經撰寫完成、尚待出版的書，著作數量就達到八十四本。此外，鄭明析先生作為詩人的成就也備受肯定。在二〇一一年出版的《韓國詩大事典》中，不僅鄭明析先生被選為韓國詩史百年的代表詩人之一，也有十篇詩被收錄進去。

鄭明析先生入獄期間，他的母親已經是臥病在床的狀態，只因為想活著見上兒子一面，而苟延殘喘地等待著。鄭明析先生曾希望母親即使只剩一口氣也要繼續活下去，並期盼往後的重逢。然而還是沒來得及見面，而在二〇一五年二月迎來了與母親的告別。在母親臨終前，鄭明析先生因為獄方的通融，而能和母親透過電話說上話。當時他對母親說出的最後一句話是：「媽媽，我們在天國重逢吧。再見。」

最終十年期間過去了。

鄭明析先生搭上車並踏上往自己故鄉的歸途。由於故鄉離大田監獄並不遠，大約是開車一小時左右的距離。鄭明析先生的親人們正在故鄉等待著他的歸來。闊別十七年的故鄉當時十分安靜。本來稱為月亮谷的故鄉經過開發後，現在已改稱「月明洞」。為了要迴避福音宣教會會員蜂擁過來造成的混亂，當天全面禁止進入月明洞。

為了抵達位在高處的月明洞，車子駛上坡道。最後鄭明析先生在途中的「聖子愛之家」前下車。「聖子愛之家」是鄭明析先生還在獄中時建成的三層樓建築。

過去月明洞雖然有「自然聖殿」這樣數千人能席地而坐的草皮，但沒有能遮蔽陽光和風雨且能容納很多人的建築物。不過自從二〇一二年「聖子愛之家」落成後，可以在其中進行數千人參與的禮拜，訪問者也可以在食堂當中用餐。據說當時鄭明析先生覺得照片當中建築物看起來更大，實際上看起來反而比想像中還小。在禮拜堂中獻上禱告後，鄭明析先生便動身前往母親的墓地。當時正值黃昏。在母親墓前與她進行一段無言的對話後，鄭明析先生回頭望向坡道下的停車場，看見紅色的車燈正閃爍著。原來會員們都想與鄭明析先生見面而開車前來了。鄭明析先生想著：「他們都是在十年這樣漫長歲月中等著我的人，我得和他們碰面。」於是便呼喚他們前來。

在等待的人當中，不少人是鄭明析先生在獄中的期間才開始上教會，所以他們也是第一次見到鄭明析先生。當然在刑期宣判後也有不少人離開福音宣教會，但出乎某些反對者的意料，也有人為鄭明析先生那不因為逆境而停下腳步的姿態所感動，所以十年間福音宣教會的會員確實地增加了。據說在獄中的獄警最初也是將鄭明析先生視為異端的教主或罪犯，但看著鄭明析先生日復一日的生活，數年間對鄭明析先生的態度也逐漸軟化。鄭明析先生經常將「信仰並不是理論，是生活啊」這句話掛在嘴邊。即使處於監獄這樣特殊的環境中，鄭明析先生依然持續度過信仰生活。或許長期在附近看著鄭明析先生生活的他們也感受到了某些比言語更有說服力的事物。

「即使辛苦，也要行走生命的道路」，這句話成為鄭明析先生的座右銘。鄭明析先生的人生看似充滿接踵而來的苦難，但由於他依然在自己認為正確的道路上前進，也選擇讓人更能發揮價值度過人生的路，所以確實是有價值的人生。鄭明析先生曾寫下「即使在椎心刺骨的苦難中，我的希望依然會成就」這樣的詩句。由許多人因為鄭明析先生而擁有對　神的信仰，並繼承了基督和平與愛的精神這點看來，鄭明析先生的希望確實已經成就。而今苦難的時期已經結束，想必鄭明析先生充滿希望的人生路程會不停歇地延續下去吧。

後話

感謝各位閱讀完本書。為了完成本書，我盡可能向事件的關係人進行訪談，也透過鄭明析先生的筆記和禮拜證道的紀錄等資料來追溯鄭明析先生的人生。此外，我也回顧鄭明析先生的審判經過，也檢驗了被部分新聞報導流傳的、關於司法裁定的疑點。

本來我很煩惱是否有必要將這些可能深植讀者心中的不好形象寫入本書，畢竟許多人對鄭明析先生並不熟悉。然而想到克服這些困難的過程也是鄭明析先生人生的一部分，於是就把這些內容原原本本地寫下來了。雖然這樣或許有些一廂情願，但我想著可能會有從鄭明析先生面對逆境不挫敗的姿態得到力量和希望的人，就更下定決心寫下這些內容。

如果在閱讀本書時有覺得疑惑的部分且想要更深入了解的話，歡迎您將寶貴的心得傳送給我。我會參考您的意見並繼續致力於傳播更清楚、正確的資訊。行文至此，已近尾聲。最後也祝福各位讀者身強體健、幸福快樂。

附錄　鄭明析先生生涯相關大事年表

西元年	韓國社會情勢	鄭明析簡歷
一九〇四	締結第一次韓日協約。	鄭氏的祖父曾隨侍李氏朝鮮第二十六代王高宗，因乙未事變（閔妃遭害）對時局失望，並趁時離開都城、移居到現今的忠清南道山間。這個山間就是後來鄭氏出生的故鄉。
一九〇五	締結第二次韓日協約、在朝鮮設置韓國統監府，從此日本成為事實上朝鮮的保護國，也意味著正式併吞朝鮮。	

西元年	韓國社會情勢	鄭明析簡歷
一九一〇	日本統治開始，設置朝鮮總督府。	
一九四一	太平洋戰爭爆發。	
一九四五	二戰告終，朝鮮獨立。	於錦山郡石幕里出生。
一九四八	成立大韓民國政府，李承晚就任初任總統。	
一九五〇	韓戰爆發。北韓軍南襲，以美國為首的維和部隊和中共義勇軍也參戰。	朝鮮戰爭時，一出家門就有炸彈在眼前爆炸。
一九五三	兩韓簽署停戰協定。	開始上新教教會。
一九五四		開始在山中禱告。
一九五八		國民學校（國小）畢業後，一邊從事農業，一邊度過修道生活。

一九六一	朴正熙掌握實權。	
一九六三	朴正熙就任總統，韓國全面進入長期軍事獨裁體制。	
一九六四至一九七三	韓國派軍參與越戰。	
一九六六至一九六九		前後共兩次被派去越南，歸國後專注在大芚山禱告。
一九七八		前往漢城（今首爾）開始宣教。
一九七九	1. 朴正熙遭暗殺，長期獨裁體制因而告終。崔圭夏就任總統。 2. 同時全斗煥、盧泰愚等新軍部勢力出現。	

西元年	韓國社會情勢	鄭明析簡歷
一九八〇	1. 光州事件。 2. 以武力鎮壓民主化運動的全斗煥就任總統。	
一九八二	（一九七〇~一九八〇年代反抗軍事政權的民主化運動興起，軍方對民眾的鎮壓也隨之強化。此時暴增的基督徒也成為民主化運動的原動力。）	創立韓國大學生宣教會。
一九八三		自衛斯理神學院（循道宗）畢業。
一九八四		出版《比喻論》。於韓國各地設立教會，開始推動海外宣教。
一九八八	舉辦首爾奧運會。	
一九八九		出版詩集《靈感的詩》第一冊。
一九九〇		出版《天的話，我的話》第一冊。

一九九一	南韓與北韓同時加盟聯合國。	初次訪問海外，歷訪日本、臺灣和美國的教會，並正式推動海外宣教。
一九九三	金泳三就任總統，確立軍隊國家化體制。	
一九九四	北韓核危機（因北韓方的激烈發言「要將首爾化為火海」而引起的戰爭危機）。北韓國家主席金日成過世。千鈞一髮避開與北韓的戰爭。	感受到核危機，於是舉辦「救國禱告大會」。
一九九五	處置光州事件相關事務，全斗煥與盧泰愚兩任前總統遭逮捕、判刑。	作品載入《文藝思潮》。
一九九六		出版《靈感的詩》第二冊。

西元年	韓國社會情勢	鄭明析簡歷
一九九七	亞洲金融風暴。	
一九九八	金大中就任總統，因推行陽光政策與北韓和解。	
一九九九	第一次延坪島海戰：北韓與南韓艦艇於延坪島附近相互開槍。	1. 離開韓國進行海外宣教，也興辦國際文化交流活動。 2. 韓國媒體開始報導偏誤內容。 3. 創辦基督教福音宣教會（CGM）。 4. 創辦國際文化藝術和平協會（GACP）。 5. 除宣教活動外，正式推動足球等運動和藝術相關的文化活動。
二〇〇〇	舉辦初次南北領袖會談。	

二〇〇一		同意接受檢方認知性晤談而暫時歸國，因沒有嫌疑再次出國。
二〇〇二	1. 日韓共同舉辦世界盃足球賽。 2. 第二次延坪島海戰。	於大田世界盃足球場舉辦GACP國際足球大會。
二〇〇四		出版《天的話，我的話》第二到四冊。
二〇〇五	北韓宣佈繼續保有核武。	出版《救援論》、《天的話，我的話》第五及第六冊。
二〇〇六	北韓進行初次核實驗。	兩名女性向中國公安告發受到其侵犯。
二〇〇七		中國公安監禁其十個月，並同時進行嚴厲審問。

西元年	韓國社會情勢	鄭明析簡歷
二〇〇八	李明博就任總統，終結對北韓的和解政策。	1. 中國公安確認犯行事實不成立，將其遣返韓國。 2. 在首爾地方法院進行刑事審判。
二〇〇九	北韓脫離六國核協議，將檢驗官逐出北韓。	被判處十年拘役，隨後遭監禁。
二〇一〇	1. 天安艦事件：南韓護衛艦「天安」被北韓以魚雷擊沉，致四十六人死亡。 2. 延坪島砲擊事件：包含平民共出現四名死者和十六名傷者，兩軍間的緊張關係逐漸高漲。	

二〇一一		1. 畫作《命運》於阿根廷的藝術展被選為代表作品。 2. 被列入韓國代表性詩人，且被載入《韓國詩大事典》。
二〇一二		呼籲再檢視鄭氏案件的風潮於媒體間興起，訂正報導與公開道歉也隨之出現。
二〇一三	朴槿惠就任總統。	出版詩集《詩的女人》和《以詩來訴說》，並在韓國成為暢銷書。
二〇一六		北韓進行第五次核實驗，南韓為求對抗與在韓美軍協議設置薩德反飛彈系統（THAAD）。

西元年	韓國社會情勢	鄭明析簡歷
二〇一七	朴槿惠遭彈劾，文在寅就任總統。	
二〇一八	1. 在兩韓間的軍事關係緊張下，南韓舉辦平昌冬奧，北韓戲劇性地派遣選手參加。 2. 進行第三次領袖會談，北韓最高領導人首次跨過軍事國境線，並踏上南韓國土。本來已屆威脅要發射核彈的日期，北韓卻突然轉為破冰和解模式。	1. 服刑期滿出獄。 2. 出版越戰回憶錄（史詩？）《愛與和平》全四冊。 3. 出版箴言集和證道集。 4. 服刑期間共出版六十三冊書。
二〇一八至二〇一九年三月		1. 在韓國努力推動宣教、體育及藝術活動。 2. 創作約六百首新歌，包含詞曲。 3. 成立網路廣播站。

哲學研究叢書・宗教研究叢刊 0702Z01

我所走過的生命路：鄭明析先生傳

作　　者　秋本彩乃

譯　　者　林蓉萱、葉柏廷、張馨文

校　　訂　蔡至哲

責任編輯　官欣安

封面設計　陳薈茗

特約校稿　林秋芬

發 行 人　林慶彰

總 經 理　梁錦興

總 編 輯　張晏瑞

編 輯 所　萬卷樓圖書（股）公司

臺北市羅斯福路二段41號6樓之3

電話 (02)23216565

傳真 (02)23218698

發　　行　萬卷樓圖書（股）公司

臺北市羅斯福路二段41號6樓之3

電話 (02)23216565

傳真 (02)23218698

電郵 SERVICE@WANJUAN.COM.TW

香港經銷

香港聯合書刊物流有限公司

電話 (852)21502100

傳真 (852)23560735

ISBN 978-986-478-606-0

2022年2月初版一刷

定價：新臺幣300元

如何購買本書：

1. 劃撥購書，請透過以下帳號
   帳號：15624015
   戶名：萬卷樓圖書股份有限公司
2. 轉帳購書，請透過以下帳戶
   合作金庫銀行 古亭分行
   戶名：萬卷樓圖書股份有限公司
   帳號：0877717092596
3. 網路購書，請透過萬卷樓網站
   網址 WWW.WANJUAN.COM.TW

大量購書，請直接聯繫，將有專人為您服務。(02)23216565 分機610

如有缺頁、破損或裝訂錯誤，請寄回更換

國家圖書館出版品預行編目資料

我所走過的生命路：鄭明析先生傳/秋本彩乃作;林蓉萱,葉柏廷,張馨文譯,蔡至哲校訂. -- 初版. -- 臺北市：萬卷樓圖書股份有限公司, 2022.02

面；　公分. -- (哲學研究叢書. 宗教研究叢刊 ;702Z01)

ISBN 978-986-478-606-0(平裝)

1.CST: 鄭明析 2.CST: 傳記

783.28　　111001210